CONTENIDO

Introducción

Una Palabra para Comenzar:

Cuando Pablo escribió en Corinto la carta a los Romanos hacía frente a un futuro incierto. Las nubes tormentosas de la oposición estaban descendiendo; aun los planes de Pablo para partir de Corinto tuvieron que ser cambiados por causa de su seguridad (Hechos 20:3).[1] Tal fue el marco del cual surgió la carta a los Romanos.

¿Estaríamos equivocados si dedujésemos que en una situación semejante Pablo escribiría una declaración completa de su concepción del evangelio? Pienso que no. En realidad, la mayoría de los intérpretes del Nuevo Testamento creen que la carta de Pablo a los Romanos es la interpretación más completa del evangelio de Jesucristo en todo el Nuevo Testamento.

Este Estudio Bíblico, entonces, proporciona a las iglesias y a sus miembros una oportunidad de penetrar al corazón del evangelio tal cual lo interpretó el más conocido misionero y predicador de la historia cristiana: el apóstol Pablo. Este libro de texto ha sido preparado para ayudarnos en este estudio. El autor es el doctor J. W. MacGorman, quien ha sido maestro de Nuevo Testamento durante treinta y seis años en el Seminario Teológico Bautista del Sudoeste, en Fort Worth, Texas, EE. UU. de Norteamérica. Su claridad de pensamiento se combina con singulares poderes de expresión para proporcionarnos la clase de guía que usted deseará preservar como una adición permanente a su biblioteca bíblica.

Este libro es para ser utilizado tanto en el estudio individual como de grupo. En ambos casos, las actividades para el aprendizaje personal que se encuentran al final de cada capítulo ayudarán al estudiante a repasar y retener el material considerado.

Ralph R. Murray

---

[1] El texto bíblico utilizado en este libro es el de la Biblia Reina-Valera, Revisión 1960, a menos que se indique otra. Al ser necesario se usará la abreviatura RVR60.

Capítulo 1

El Evangelio como Poder de Dios

Romanos 1:1-17

¿Qué concepto tiene usted del evangelio? Esta es una pregunta importante, ya que es obvio que las gentes lo consideran de distintas maneras. Para algunas personas el evangelio es un conjunto de ideas acerca de Dios y del hombre para ser expresadas en un credo, y luego defendidas. El objetivo parece ser una creencia correcta. Algunas veces se ha tratado al evangelio como un depósito del favor divino que ha de dispensarse por medio de los ritos de una organización eclesiástica exclusiva. Otros identifican el evangelio con la civilización occidental. Se le otorga el respeto que se da a un impresionante monumento del pasado. Aún otros, como los antiguos griegos que descartaban el evangelio como locura (1 Corintios 1:22, 23), miran el evangelio como algo que no tiene validez para el escenario moderno.

Para nosotros, los creyentes, el evangelio es poder de Dios en acción. Libera a los hombres, no importa cuándo y dónde vivan. Tiene su centro en la vida, muerte y resurrección de Jesucristo, el Hijo de Dios. Rompe la esclavitud del aterrador dominio del pecado, y despoja a la muerte de su victoria. Hace posible nuestra reconciliación con Dios y el cumplimiento de sus propósitos en y a través de nosotros. El evangelio es la buena nueva de la gracia de Dios ofrecida a todos los hombres y que se experimenta por medio de la fe en Jesucristo como Señor.

Ningún escritor del Nuevo Testamento transmite una comprensión más grande de la gracia de Dios que Pablo. Y en ninguna de sus cartas ha dado él, como en Romanos, una declaración tan plena y ordenada de dicha gracia.[1] Después de algunas palabras introductorias de saludo y acción de gracias (1:1-17), Pablo se lanza inmediatamente al análisis de la condición espiritual del hombre (1:18–3:20). Pablo sostiene que todos los hombres han pecado y son culpables ante Dios. Contra el oscuro fondo de esta acusación, él presenta las buenas nuevas de la liberación de Dios por medio de Jesucristo (3:21–8:39). Todos los hombres pueden ser salvos por medio de la fe en él. Después discute el problema de conciliar las promesas de Dios a Israel con su rechazamiento del evangelio (9-11). Pablo sostiene que hay esperanza para Israel. En la última división principal Pablo hace un llamado a la dedicación, ampliando su significado para las distintas esferas del vivir cristiano (12:1–15:13). Concluye su carta dando a conocer sus planes de viaje, y con varios saludos personales (15:14–16:27). Este bosquejo básico de Romanos servirá como base para nuestro estudio.

I. Salutación (1:1-7)

1. "Pablo, siervo de Jesucristo" (1:1)

Esta es una autodesignación notable para uno que antes buscaba destruir la iglesia de Dios. Pablo habló de ello en Gálatas 1:13, 14. Allí él relató su vida anterior en el judaísmo. Puesto que él sobrepujaba en celo por las tradiciones de los antepasados, estaba por sobre muchos de sus compañeros. Una expresión de su fervor era una feroz oposición a los seguidores de Jesús. Para Saulo (como entonces se le conocía) Jesús no era el Mesías. Además, aquellos que así lo proclamaban constituían una amenaza a la fe verdadera de Israel. De modo que Saulo creía que al perseguirlos estaba haciendo la voluntad de Dios (véase 1 Co. 15:9; Fil. 3:6; 1 Ti. 1:13; Hch. 7:58–8:3). A los ojos de quienes la llevan a cabo, la persecución es usualmente una forma de enjuiciamiento.

Y entonces tuvo lugar el gran encuentro. Dios reveló a su Hijo a Saulo, y le comisionó para predicar el evangelio entre los gentiles (Gá. 1:15, 16). Esta acción provino de la gracia soberana de Dios; Saulo respondió con fe y obediencia. Así, su apostolado estuvo basado en el llamamiento de Dios, y su vida fue apartada para la obra del evangelio. La conversión y el llamamiento de Pablo estuvieron estrechamente relacionados.

Los detalles generalmente relacionados con esta experiencia no se hallan en los principales pasajes autobiográficos de las cartas de Pablo (Gá. 1:11–2:14; 2 Co. 11:22–12:10; Fil. 3:4-11). Se encuentran más bien en tres pasajes en el libro de Hechos: 9:1-25; 22:1-21; 26:7-23. Estas narraciones confirman el testimonio de las cartas de Pablo de que Dios le confrontó cuando él estaba buscando destruir a la iglesia. El archiperseguidor de los seguidores de Cristo viene con gratitud a designarse a sí mismo como siervo de Cristo.

2. *"El evangelio de Dios" (1:2-6)*

En este pasaje Pablo habla con respecto al evangelio de dos maneras. Primeramente, señala que Dios lo había prometido "antes por sus profetas en las santas Escrituras" (v. 2). En Romanos 3:21 él amplía el testimonio bíblico para incluir la ley tanto como los profetas. El evangelio no es el resultado de una reflexión tardía en los planes de Dios. Tiene un contexto. Por siglos Dios se ha movido de un modo especial hacia la revelación culminante de su gracia en Cristo Jesús, su Hijo. Tal vez no exista un pasaje que exprese esta idea con mayor majestad que Hebreos 1:1, 2: "Dios, habiendo hablado muchas veces y de muchas maneras en otro tiempo a los padres por los profetas, en estos postreros días nos ha hablado por el Hijo, a quien constituyó heredero de todo, y por quien asimismo hizo el universo" (véase también Lc. 24:25-27; Jn. 5:39; 1 P. 1:10-12). El Nuevo Testamento afirma que el evangelio es el cumplimiento de la promesa que Dios hizo en el Antiguo Testamento. Karl Barth dijo: "El evangelio no es una intrusión de hoy."[2]

En segundo lugar, Pablo indica que el evangelio tiene su centro en el Hijo de Dios (vv. 3, 4). En lo que se refiere a su existencia en la carne, su encarnación, él era descendiente de David (v. 3). Varios pasajes en el Nuevo Testamento atestiguan la descendencia davídica de Jesús (véase Mt. 1:1; Lc. 1:31-33; Hch. 2:29, 30; Ap. 5:5). Además, él "fue declarado Hijo de Dios con poder, según el Espíritu de santidad, por la resurrección de entre los muertos" (v. 4). Dale Moody sugiere que en los versículos 3 y 4 se halla una temprana comprensión de la persona de Cristo, probablemente expresada de una manera formal para el uso en el culto primitivo. El doctor Moody escribe: "Esta es una cristología de dos etapas, no una cristología de dos naturalezas."[3] Es decir que el énfasis está en los hechos, no en las naturalezas.

La resurrección fue ciertamente un hecho trascendental para todos los hombres, como ha de verse. Jesucristo muerto y sepultado no es evangelio. No tenemos un evangelio hasta que la muerte cede ante el anuncio triunfal: "¡Ha resucitado!" Romanos 4:25 habla de Jesús nuestro Señor "el cual fue entregado por nuestras transgresiones, y resucitado para nuestra justificación". Si él no hubiese sido levantado, no podría haber justificación (véase 1 Co. 15:12-19).

Pablo sostiene que él recibió la gracia y el apostolado por medio del Señor resucitado. El trata de traer a los hombres de todas las naciones a la obediencia por medio de la fe en Cristo (v. 5). Ciertamente Pablo incluye a los romanos entre los gentiles que ya pertenecían a Jesucristo (v. 6). (Romanos 1:13-15; 11:13 y 15:14-16 identifican a los lectores de esta carta de Pablo como mayormente gentiles).

3. *"A todos los que estáis en Roma, amados de Dios" (1:7)*

¿Cómo llegó el evangelio a Roma? Se han propuesto varias teorías: (1) Ireneo (hacia el año 185) afirmaba que la Iglesia Romana había sido "fundada y organizada en Roma por los dos más gloriosos apóstoles, Pedro y Pablo . . . Los bienaventurados apóstoles, luego, habiendo fundado y edificado la iglesia, dejaron en manos de Lino la función del obispado."[4] Sin embargo, la carta a los Romanos contiene evidencias de que Pablo está escribiendo a una iglesia que ni ha fundado ni visitado. (Véase Ro. 1:8-15; 15:14-33). Además, si Pedro estaba sirviendo como obispo de Roma, ¿no le habría enviado Pablo saludos personales? Otra teoría ha señalado a Hechos 2:10 con su inclusión de "romanos aquí residentes, tanto judíos como prosélitos" entre los que estuvieron presentes en Pentecostés. Se supone que algunos de estos romanos se convirtieron y regresaron a su lugar para establecer una iglesia. No obstante, no hay evidencias para sostener esta afirmación. Otra teoría más es que la congregación en Roma fue establecida por convertidos que se fueron a vivir a la ciudad. Algunos intérpretes de la Biblia señalan la larga lista de nombres en el capítulo 16 como prueba de que muchas de esas personas eran convertidas de Pablo. Sin embargo, otros usan la misma evidencia para argumentar que este capítulo era originalmente una carta de presentación en favor de Febe a la iglesia de Efeso.[5] Las tres teorías son apenas algo más que especulaciones interesantes. En realidad el origen de la iglesia de Roma permanece como una cuestión histórica aún no resuelta.

En este versículo podemos tener más certeza respecto al significado de la palabra "santos". A pocas personas agrada hoy esta designación porque ha llegado a tener un sentido moralista. En el Nuevo Testamento, sin embargo, la palabra describe a aquellos que eran apartados para Dios. Le pertenecían. Llevaban su marca en sus vidas.

También podemos tener más certeza con respecto a una percepción básica en la bendición: "Gracia y paz a vosotros, de Dios nuestro Padre y del Señor Jesucristo" (v. 7). La paz de Dios proviene de la experiencia de la gracia de Dios. Algunas veces la gracia de Dios parece ser el último lugar al que estamos dispuestos a mirar en busca de paz. No obstante, buscarla en otro lugar es errar el camino desde el principio. Es el propósito de Dios que nosotros hallemos paz en una relación de confianza en él. Por esta razón nunca conoceremos la paz que Dios puede dar hasta que hayamos experimentado la gracia que Dios está ansioso por otorgar.

II. Interés Personal (1:8-15)

1. *Oración de Pablo por los Romanos (1:8-13)*

Noten cuan a menudo en sus cartas Pablo aseguraba a sus lectores que él les recordaba en sus oraciones. (Véase 1 Ts. 1:2, 3; 3:9, 10; 1 Co. 1:4; Fil.1:3-11). Igualmente él por lo general pedía a sus lectores que orasen por él. (Véase 1 Ts. 5:25; 2 Co. 1:11; Fil. 1:19; Ro. 15:30-33). Esta oración mutua, el uno por el otro, constituía un vínculo que excede todo lo que puede proporcionar una amistad común. Aunque separados por grandes distancias, los cristianos siempre tienen acceso inmediato a un lugar común de reunión ante el trono de Dios. El puede al mismo tiempo mirar hacia nosotros y hacia aquellos por quienes oramos. Esta clase de comunicación rápida ha existido por largo tiempo.

En la oración de Pablo por los romanos él pulsa la nota de la acción de gracias: "Primeramente doy gracias a mi Dios mediante Jesucristo con respecto a todos vosotros, de que vuestra fe se divulga por todo el mundo" (v. 8). Por supuesto, se refiere al mundo grecorromano de la época de Pablo. Con todo, la declaración sugiere una obra cristiana de alcances y duración significativos en la ciudad imperial en la época en que escribe. Pablo expresa un intenso deseo de visitarles (vv. 9, 10; véase 15:22-33). La razón que aduce es que pueda confirmarles por medio de la comunicación de algún don espiritual (v. 11).

Sin embargo, Pablo no piensa de sí mismo como un contribuyente solamente. Rápidamente rehace su declaración para reconocer que sus lectores también tienen algo para darle a él. Juntos experimentarán fortalecimiento al compartir la común fe (v. 12).[6]

Así es la participación cristiana. Nunca es una calle de una sola mano. El dador recibe, y los recibidores dan. Por esta razón los cristianos tienen una necesidad fundamental de reunirse para el compañerismo y la adoración. Cuando se descuidan estos dos elementos hay una pérdida considerable. (Véase He. 10:23-25).

El deseo de Pablo de visitar Roma no era cosa reciente. Desde hacía mucho él había estado deseando ir; empero siempre deberes urgentes habían logrado impedírselo (Ro. 15:17-22). Aplicando una metáfora de las cosechas, él expresa su deseo de recoger algún fruto entre los gentiles en Roma (v. 13).

2. *Deudor tanto a griegos como a sabios (1:14, 15).*

Pablo empezó su carta afirmando que fue "llamado a ser apóstol, apartado para el evangelio de Dios" (v. 1). Aquí él da evidencia adicional de su sentido del llamamiento divino. El se considera a sí mismo como un deudor a todos los hombres: "a griegos y a no griegos, a sabios y a no sabios" (v. 14). Estas son categorías amplias, étnicas y culturales a la vez. Ellas sugieren los alcances de la misión a que él estaba dedicado. Uno que es deudor debe algo a otro. La clase de obligación que Pablo sentía podía cumplirse solamente predicando el evangelio a cuantos fuera posible. (Véase 1 Co. 9:19-23). Así Pablo declara su anhelo de proclamar las buenas nuevas de la gracia de Dios también en Roma (v. 15).

Cuando pensamos en endeudamiento, es posible que nuestras mentes no se inclinen en la dirección que Pablo describe aquí. Pensamos más bien en las cuentas que se han apilado por la pérdida del trabajo, la enfermedad prolongada, o los gastos imprudentes. Las cuentas son pesadas, y el pagarlas significa alivio, quitarnos algo de encima. Pero cada vez que Pablo salía de sus deudas, una persona se agregaba a la familia de la gracia de Dios. Ello proveía una oportunidad de regocijarse, no solamente un alivio. Así aseguró Jesús en Lucas 15:10: "Así os digo que hay gozo delante de los ángeles de Dios por un pecador que se arrepiente."

¡Quisiera Dios que nuestras iglesias sintieran el peso de tamaña responsabilidad! Entonces nos regocijaríamos más a menudo con el gozo de Dios. Tal vez la iglesia ha terminado de pagar su edificio, y se ha llevado a cabo debidamente la ceremonia de quemar el documento hipotecario: pero si la iglesia ha llegado a ser insensible a la obligación privilegiada de compartir a Cristo con todos los hombres, esa iglesia sólo está vegetando.

Este puede ser el lugar apropiado en nuestra discusión para sondear el propósito de Pablo al escribir a Roma. Para más información a este respecto debemos ir a Romanos 15:14-33. Aquí Pablo se explaya con respecto a su deseo de visitar Roma, un deseo que fue también expresado en Romanos 1:9-15. Pablo reitera su anhelo de ver a los cristianos allí y ser recreado en su compañía. Pero él revela un aspecto adicional de sus planes que no dio a conocer al comienzo de su carta: "Pero ahora, no teniendo más campo en estas regiones, y deseando desde hace muchos años ir a vosotros, cuando vaya a España iré a vosotros; porque espero veros al pasar, y ser encaminado allá por vosotros, una vez que haya gozado con vosotros" (15:23, 24).

Roma no será su destino final. Mientras esté allí él espera no solamente disfrutar del compañerismo de los cristianos sino además obtener el apoyo de ellos para su proyectada misión a España. Con anterioridad la iglesia de Antioquía le había proporcionado apoyo para la evangelización de las regiones alrededor del mar Egeo. Sintiendo ahora que su obra en el este está llegando a su fin, Pablo desea el sostén de los Romanos para la expansión hacia el oeste de sus labores misioneras. Ciertamente el propósito y el contenido de la carta a los Romanos están vitalmente relacionados con este plan. F. W. Beare observa: "La carta está escrita principalmente para preparar el camino para su proyectada visita . . . Si les invita a sostener su misión a España, él siente que ellos tienen derecho a conocer primero por su propio testimonio la sustancia de su enseñanza, para estar seguros de que pueden sostenerle de todo corazón."[7] Así en ésta, la más importante de sus cartas, Pablo nos da el quinto evangelio del Nuevo Testamento.

En Romanos 15:25-29 descubrimos otro aspecto importante en el motivo de la escritura de esta carta. Fue escrita poco antes de su partida a Jerusalén con la ofrenda de ayuda de las iglesias gentiles. Este hecho señala a Corinto como el lugar más probable de origen, y sugiere una fecha alrededor de los años *55-56 A.D.* En una oportunidad Pablo no había estado seguro si debía acompañar a los representantes de las iglesias con esta ofrenda (1 Co. 16:4). No obstante, a medida que la empresa cobraba impulso (2 Co. 8, 9) y se acercaba el momento de partir, se sintió compelido a ir. Al hacerlo arriesgaba su vida (Ro. 15:31). Con anterioridad los hombres de Jerusalén habían intentado matarlo (Hechos 9:28, 29), y nada había ocurrido desde entonces para aminorar el odio de ellos. Además no había seguridad de que las buenas intenciones de las iglesias gentiles fueran aceptables para los creyentes de Jerusalén (Romanos 15:31). La separación entre cristianos judíos y gentiles era a la vez profunda y persistente. Y no pocos en la iglesia de Jerusalén miraban a Pablo con graves sospechas.

Entonces, ¿por qué pospuso Pablo aún más sus planes de visitar Roma, para ir más bien a Jerusalén? Los delegados eran bastante capaces de entregar la ofrenda y así aliviar los sufrimientos de los creyentes allí. Además hubieran gozado de la ventaja de no ser hombres marcados. La respuesta debe ser que Pablo sentía que su presencia era necesaria para el logro de la meta final de una mayor unidad entre los cristianos judíos y los gentiles. Así escribe Günter Bornkamm:

> "El propósito de la colecta y su éxito final estaban íntimamente relacionados con un asunto ya debatido calurosamente en la asamblea apostólica —¿Era el evangelio sin la ley, que Pablo proclamaba entre los gentiles, un evangelio verdadero?— Pero esto implicaba una cuestión más: ¿Eran los gentiles también miembros en plena e incondicional aceptación en el cuerpo de Cristo? Es esto lo que hace que ahora Pablo se sienta impulsado a aparecer nuevamente en Jerusalén en medio de lo que era una situación extremadamente crítica"[8]

También añade significado a la carta a los Romanos su viaje inminente a Jerusalén con sus perspectivas de nuevos problemas con los judíos incrédulos. La posibilidad de conflicto explica la presencia de la discusión gracia versus ley en una carta dirigida a una iglesia cuyos miembros eran mayormente gentiles. Es una hora crucial para Pablo. Preparándose para lanzar una osada nueva fase de su misión al oeste, él tenía que buscar mayor unidad en Roma y en las otras iglesias ya establecidas en el este. Las iglesias que están divididas en su base tienden a proyectar sus divisiones a otros lugares.

Por esta razón Romanos es la carta menos casual de Pablo. Es decir, es la que menos depende o se limita a los problemas de una congregación local particular.[9] Roma necesita escuchar lo que Pablo tiene que decir en esta carta. Él sabe lo suficiente acerca de ellos, tal vez por medio de Aquila y Priscila (Hechos 18:1-4; Romanos 16:3-5), o de informes no especificados, para darse cuenta de que sus palabras a ellos no serán desperdiciadas. (Romanos 15:14-16). Pero hay en Romanos una visión superior, una cualidad trascendente que la eleva por encima de su correspondencia anterior. Aquí Pablo toma lo mejor de todo lo que él ha pensado, hablado, o escrito sobre el tema de la gracia de Dios cuando con anterioridad lo había hecho a nivel local. Lo eleva a su más amplia expresión del evangelio y de las necesidades humanas básicas a que apunta. Al escribir, él sabe que Jerusalén también necesita oír lo que él tiene que decir, tanto como lo necesitaban todas las otras congregaciones donde el evangelio era oscurecido o amenazado por el persistente legalismo judío. Aunque la menos casual en un sentido, la ocasión que trae a la existencia la carta a los Romanos es la más grande de todas.

Por esta razón Dios la ha utilizado desde entonces para hablar a los hombres al nivel de sus más profundas necesidades. Muchos, cual Agustín, han experimentado la gracia de Dios que transforma la vida al estudiar el mensaje de Pablo a los Romanos.

III. Tema: La Justicia de Dios (1:16, 17)

Estos notables versículos debieran ser absorbidos, no meramente leídos, porque ellos declaran el tema y la síntesis del mensaje de Romanos. El resto de la carta es una explicación de ellos.

1. *"No me avergüenzo del evangelio" (1:16)*

Pablo afirma que no se avergüenza del evangelio (v. 16). Esta expresión negativa parece una nota débil; no obstante lleva el propósito de tener el efecto contrario. Un término técnico (lítote, o atenuación) denota el esfuerzo de hacer resaltar algo negando lo contrario de aquello que se quiere resaltar. Así decimos "No es una cantante mala." Aquí Pablo dice "No me avergüenzo del evangelio." Lo opuesto de vergüenza es gloria. En varios pasajes Pablo se gloría en el evangelio. Uno de los más conocidos es Gálatas 6:14: "Pero lejos esté de mí gloriarme, sino en la cruz de nuestro Señor Jesucristo, por quien el mundo me es crucificado a mí, y yo al mundo" (véase Ro. 5:2, 3, 11; 11:33-36).

La razón por la que Pablo no se avergüenza del evangelio es: "porque es poder de Dios para salvación a todo aquel que cree; al judío primeramente, y también al griego" (v. 16). En Romanos 1:2-4 Pablo presenta dos rasgos importantes del evangelio: (1) Es el cumplimiento de las antiguas promesas de Dios; y (2) tiene su centro en la persona de Jesucristo, el Hijo de Dios y nuestro Señor resucitado. En 1:16 él indica otra razón, es a saber, su poder.

¿Qué es capaz de realizar el poder del evangelio? La respuesta es salvación, un concepto que yace en el corazón de los tratos de Dios con su pueblo a la vez en el Antiguo y en el Nuevo Testamentos. La palabra presupone peligro o esclavitud, aquello de lo cual los hombres necesitan ser rescatados o libertados. En Gálatas 1:3-5 Pablo escribió: "Gracia y paz sean a vosotros, de Dios el Padre y de nuestro Señor Jesucristo, el cual se dio a sí mismo por nuestros pecados para librarnos del presente siglo malo, conforme a la voluntad de nuestro Dios y Padre, a quien sea la gloria por los siglos de los siglos. Amén." Este pasaje hace explícito aquello de lo cual necesitamos ser rescatados, es decir, nuestros pecados y el presente siglo malo del cual aquellos son una expresión. El juicio de Dios en la forma de su ira sobre los impíos ya está obrando en el mundo (Ro. 1:18). Y al fin, asoma el gran tribunal, el día del juicio final. (Ro. 2:5).

La buena nueva del evangelio es que Jesucristo ha invadido este siglo malo y por su muerte y su resurrección ha hecho posible nuestra liberación. Por la fe en él todos los hombres, judíos y gentiles igualmente, pueden ahora experimentar la salvación cuya plena liberación aguarda el día final.

El sustantivo "salvación" (griego: *soteria*) aparece en sólo otros cuatro pasajes en Romanos: 10:1, 10; 11:11; 13:11. En Romanos 11:11 Pablo escribe que la salvación ha venido a los gentiles para provocar a celos a Israel. Aquí está descripta en términos de una realidad pasada y presente. Su futura culminación se hace vívida en Romanos 13:11: "Y esto, conociendo el tiempo, que es ya hora de levantarnos del sueño; porque ahora está más cerca de nosotros nuestra *salvación* (itálicas del autor)[10] que cuando creímos."

Formas del verbo "salvar" (griego: *sozo*) aparecen en sólo ocho pasajes de Romanos: 5:9, 10; 8:24; 9:27; 10:9, 13; 11:14, 26. En uno de estos versículos la palabra describe un acontecimiento del pasado: "Porque en esperanza *fuimos salvos*", (Ro. 8:24). En todos los demás versículos (excepto Ro. 11:14 donde Pablo usa un aoristo, activo, subjuntivo) la palabra traducida "salvar" está en el futuro, forma pasiva. Se recalca el aspecto culminante de nuestra salvación en el juicio final. Por ejemplo, Romanos 5:9, 10, dice: "Pues mucho más, estando ya justificados en su sangre, por él seremos salvos de la ira. Porque si siendo enemigos, fuimos reconciliados con Dios por la muerte de su Hijo, mucho más, estando reconciliados, seremos salvos por su vida."

Estas citas ilustran el significado de la afirmación de que una de las ideas que se encuentran en el Nuevo Testamento acerca de la salvación es que la misma es un acontecimiento al final del tiempo. Este concepto de la salvación señala hacia la gran culminación de la liberación final de Dios al término de la historia. Sin embargo, el significado de la salvación no se limita al futuro, sea cercano o distante. El gran nuevo orden de Dios ya ha alboreado en la vida, muerte y resurrección de Jesucristo. Aquí mismo, y ahora, por medio de la fe en él como Señor y Salvador, todos los hombres pueden experimentar un maravilloso goce anticipado de su liberación. De este modo el futuro de Dios penetra en nosotros y da significado a nuestro presente.

2. *La Justicia de Dios Revelada (1:17)*

En el subtítulo de arriba se encuentra el significado de la afirmación de Pablo en Romanos 1:17 con respecto al evangelio: "en el evangelio la justicia de Dios se revela por fe y para fe, como está escrito: Mas el justo por la fe vivirá". Ciertamente, Dios es justo; sin embargo, la justicia es más que la manifestación de un aspecto de la naturaleza de Dios. Hace más de cuarenta años C. H. Dodd advertía: "Pero siempre 'justicia' no es primariamente un atributo de Dios o de su pueblo, sino una actividad por la cual se afirma lo que es justo en la liberación del hombre del poder del mal."[11] Más recientemente Alan Richardson ha escrito: "En el pensamiento bíblico hay una estrecha relación entre salvación y justicia; ciertamente, los términos llegan a ser virtualmente sinónimos, porque ambos denotan la misma cualidad amistosa del carácter divino"[12] (Véase Is. 45:21; 51:5-8; 56:1; Sal. 24:5; 31:1; 98:2).

Dios ha actuado en Jesucristo su Hijo para libertar a los hombres, para reconciliarles consigo. Por medio de una dedicación confiada de nuestras vidas a Jesucristo como Señor nosotros experimentamos lo que la gracia de Dios ha hecho posible. El evangelio es fe hasta el fin. (Véase Gá. 3:2, 3).

Pablo encuentra apoyo para su idea en el Antiguo Testamento; cita Habacuc 2:4. La *Versión Popular* traduce Romanos 1:17 así: "El que es aceptado por Dios por medio de la fe vivirá."[13] La *Versión Moderna* construye la frase "por fe" con el verbo, "El justo vivirá por la fe."[14] El griego no es claro, y ese hecho explica la diferencia en énfasis que se refleja en estas traducciones. No podremos resolver el problema. Sin embargo, podemos afirmar que en el concepto de Pablo en cuanto al evangelio, reconciliación con Dios, fe y vida forman una unidad.

IV. Verdad para Hoy

1. *El legalismo sigue siendo una persistente amenaza para el evangelio.*

En el tiempo de Pablo una forma de legalismo exigía que los gentiles convertidos se sometieran al rito mosaico de la circuncisión. Había quienes querían hacer del Sinaí y el Calvario montes gemelos. Hace mucho tiempo que esta manifestación particular del legalismo ha sido desechada. Pero otras formas surgen, como en los tiempos que condujeron a la Reforma. Siempre hay quienes buscan unir la gracia y el legalismo en profano matrimonio. El legalismo en cualquier época busca degradar la obra de Jesucristo sobre la cruz. (Véase Gá. 2:21). Está siempre colocando un letrero sobre la cruz con la inscripción: "Necesaria, pero insuficiente."

2. *No hay lugar en la familia de la gracia de Dios para un rango de segunda clase.*

El terreno al pie de la cruz es parejo. Las diferencias étnicas y culturales permanecen, pero son sobrepasadas por el vínculo común que nos hace uno en Cristo. (Véase Gá. 3:27, 28; 1 Co. 12:13; Col. 3:11). Nuestras iglesias no deben reflejar más del poder del mundo para dividir que del poder de Cristo para unir. Los cismas y las divisiones aún afligen nuestra obra. Ellos limitan la efectividad de los alcances del evangelio en un mundo fragmentado.

3. *El concepto del evangelio como poder de Dios debiera comunicarse bien en nuestro día.*

Somos un pueblo consciente de poder, y el nuestro un mundo consciente de poder. Sin embargo, muy frecuentemente los hombres tienden a medir el poder en términos de capacidad destructora. No obstante, la creación es la medida del poder, y es eso todo lo que el evangelio significa. Gracia es más que una palabra bíblica. Es el poder decisivo, más excelente, obrando en la esfera moral de nuestro mundo hoy.

Notas del Capítulo 1

[1] Gálatas, una carta anterior, es también una poderosa exposición del evangelio de la gracia de Dios. Su vocabulario es a menudo cortante, porque Pablo la escribió para contrarrestar la idea que había en Galacia de que el evangelio era una combinación de ley y gracia. Con todo, Gálatas sigue siendo la escritura más importante para usar en relación con el estudio de Romanos. Haremos frecuentes referencias a ella.

[2] Karl Barth, *The Epistle to the Romans,* trad. de la 6a. ed. Edwyn C. Hoskyns (London: Oxford University Press, 1953), p. 28.

[3] Dale Moody, *The Broadman Bible Commentary,* Vol. 10 (Nashville: Broadman Press, 1970), p. 164.

[4] Irenaeus, "Against Heresies," III,iii,2, 3, en *The Ante-Nicene Fathers,* ed. Alexander Roberts y James Donaldson, Vol. 1 (New York: Charles Scribner's Sons, 1925), pp. 415-16.

[5] La estructura de Romanos, ya sea una carta única o una compuesta, es un problema crítico primario. Con esto están relacionadas las dificultades textuales con respecto a las varias bendiciones (15:33; 16:20; 16:24; 16:25-27) y el final original de la carta. A quienes deseen investigar estos importantes aspectos técnicos del estudio de Romanos, les instamos a consultar las obras clásicas sobre introducción al Nuevo Testamento, o los comentarios más completos.

[6] Noten cuán cauteloso es Pablo en esta referencia, calificando con tacto en el versículo 12 el deseo que expresó en el 11. Comparen con Romanos 15:14-16, donde también se esmera en no aparecer como presuntuoso al escribir esta carta. Aunque Apóstol de los Gentiles, él tiene en la iglesia de Roma una cierta posición de huésped, de la cual parece tener conciencia.

[7] F. W. Beare, "Romans, Letter to the," *The Interpreter's Dictionary of the Bible,* ed. George Arthur Buttrick, Vol. 4 (Nashville: Abingdon Press, 1962), p. 114.

[8] Günther Bornkamm, *Paul,* trad. D. M. G. Stalker (New York: Harper and Row, Publishers, 1971), p. 92.

[9] Algunos intérpretes de la Biblia tienden a restar importancia, si no a negar, cualesquiera circunstancias históricas específicas en Roma a las cuales la carta alude. Una excepción es Willi Marxsen, *Introduction to the New Testament,* trad. G. Buswell (Philadelphia: Fortress Press, 1968), pp. 96-100. El relaciona Romanos 14:1—15:13 con el problema causado por el regreso a Roma de los judíos cristianos que habían sido expulsados con anterioridad por el edicto de Claudio (*A.D.* 49).

[10] Lo que está en itálica dentro de esta Escritura y en todas las citas que siguen es del autor.

[11] C. H. Dodd, *The Epistle of Paul to the Romans,* The Moffatt New Testament Commentary, ed. James Moffatt (New York: Harper and Brothers, Publishers, 1932), p. 12.

[12] Alan Richardson, "Salvation, Savior," *The Interpreter's Dictionary of the Bible,* p. 173.

[13] De la versión popular del Nuevo Testamento *Dios Llega al Hombre,* © Sociedades Bíblicas en América Latina, 1966. Todas las citas que siguen de esta versión están indicadas por la abreviatura VP.

[14] De la *Santa Biblia, Versión Moderna,* © Sociedades Bíblicas en América Latina, 1958. Todas las citas que siguen de esta versión están indicadas por la abreviatura VM.

Actividades para el Aprendizaje Personal

Marque las respuestas

1. La carta de Pablo a los Romanos es importante porque (elija una):
   __ (1) Es su carta más extensa.
   __ (2) La escribió en la cumbre de su carrera misionera.
   __ (3) Proporciona una declaración ordenada de lo que para Pablo significaba la gracia de Dios.
2. En su discusión del Evangelio en Romanos 1:2-6 Pablo menciona dos hechos. ¿Cuáles son? (Elija de la lista que sigue.)
   __ (1) El evangelio fue prometido de antemano.
   __ (2) El evangelio cumplía la sustancia prometida en las formas del culto judío.
   __ (3) El evangelio se centraliza en Jesús como el resucitado Hijo de Dios.
   __ (4) El evangelio hizo obsoleta la ley.
3. El propósito de Pablo de visitar Roma incluía las siguientes razones (elija las que sean correctas):
   __ (1) Quería visitar nuevamente una iglesia que él había fundado.
   __ (2) Esperaba jubilarse en Roma.
   __ (3) Deseaba predicar el evangelio en Roma.
   __ (4) Quería obtener la ayuda de los romanos para su propuesta misión a España.
   __ (5) Deseaba tener compañerismo con los cristianos en Roma.
4. El tema de Romanos 1:16, 17 es:
   __ (1) El poder del evangelio.
   __ (2) La justicia de Dios.
   __ (3) La fe como el fundamento de la salvación.

Respuestas:
1. (3); 2. (1), (3); 3. (3), (4), (5); 4. Todas las afirmaciones corresponden al evangelio, pero el tema de 1:16, 17 es la justicia de Dios.

Capítulo 2

Sin Excusa Delante de Dios: los Gentiles

Romanos 1:18-32

En su salutación Pablo se presentó a sí mismo a los creyentes en Roma (1:1-7). Elogió la profunda influencia de la fe de ellos, y expresó su anhelo de visitarlos (1:8-15). Y declaró su dedicación al evangelio como el poder de Dios para salvación a todo aquel que cree (1:16, 17).

En Romanos 1:18 a 3:20, Pablo describe por qué todos los hombres necesitan la liberación de Dios. Primeramente, acusa al mundo gentil o pagano de su época, la civilización Grecorromana del primer siglo (1:18-32). Luego implica a los judíos, su propio pueblo, acusándolos de una actitud similar de rebelión contra Dios (2:1 a 3:20). En realidad la arremetida a fondo del pasaje se resume en Romanos 3:9: "¿Qué, pues? ¿Somos nosotros mejores que ellos? En ninguna manera; pues ya hemos acusado a judíos y a gentiles, que todos están bajo pecado." (Véase también 3:19, 22, 23). Esta esclavitud al pecado constituía entonces, y constituye aún, el aprieto del hombre. Se pinta aquí con una intrepidez pocas veces igualada en la Biblia o en cualquiera otra literatura. De esta esclavitud los hombres necesitan la liberación de Dios.

Dado que Romanos 1:18 a 3:20 es un pasaje extenso, dedicaremos a su estudio los dos próximos capítulos. El presente expone la acusación de Pablo contra el mundo gentil (1:18-32). Obsérvese el diseño que sigue: I. Pablo describe la revelación de Dios a los gentiles (1:18-20). Esta revelación estableció la base de la responsabilidad de ellos ante Dios. II. Muestra cómo ellos habían rechazado la revelación que

Dios les hizo de sí mismo (1:21-23, 25, 28). Los paganos habían dado a sí mismos y a otros órdenes inferiores de la creación el lugar que con justicia correspondía a Dios como Creador. Se habían rebelado contra él. III. Luego Pablo describe el juicio que había venido sobre los gentiles en forma de la ira de Dios (1:24-32). Como consecuencia de la libre elección de ellos, Dios les había entregado a vidas degradadas. El resultado de este abandono divino, tan horrendamente actuando entre ellos, era también una revelación de Dios.

Nunca se ha indagado más profundamente sobre la dimensión del mal en el mundo como lo hace Pablo en este pasaje. Es como una exposición quirúrgica del corazón, que algunas personas preferirían no mirar. Con seguridad ofenderá a algunos cuyo análisis de los males individuales y sociales surge de una opinión elevada de la bondad básica del hombre.

En la esencia de lo que afirma, Romanos 1:18-32 está tan al día como el próximo latido de su corazón o los titulares de la prensa del día de mañana. El mundo moderno necesita urgentemente tomar nota de sus penetrantes discernimientos.

I. La Revelación de Dios (1:18-20)

1. *La Ira de Dios (1:18)*

Pablo escribe: "Porque la ira de Dios se revela desde el cielo contra toda impiedad e injusticia de los hombres que detienen con injusticia la verdad" (1:18). Este versículo declara concisamente lo que el resto del pasaje describe detalladamente. Declara la realidad de la ira de Dios que, como su justicia (1:17), es una fuerza dinámica en las vidas de los hombres. Como se vio en el capítulo anterior de este libro, la justicia de Dios se revela en el mundo a través de la predicación del evangelio. Dios busca reconciliar a los hombres con él y librarlos del poder y los efectos de la esclavitud del pecado. Por medio de la fe en Jesucristo los hombres experimentan ahora el goce anticipado de la salvación de Dios y esperan la plena liberación en el día final. Similarmente la ira de Dios está obrando en el mundo. Dios se revela a sí mismo ahora en su juicio sobre todos los impíos que detienen la verdad. El busca disuadirlos de su curso desastroso al entregarles a las consecuencias de sus pecados. Cuando los hombres se rebelan contra Dios, ellos experimentan ya un anticipo de la ira de Dios, cuya plena manifestación aguarda hasta el juicio final (véase Ro. 2:5; 1 Ts. 1:9; 5:1-11; 2 Ts. 1:5-10; 1 Co. 4:5; 2 Co. 5:10).

Tanto la justicia como la ira de Dios están siendo reveladas ahora.[1] La primera libra al arrepentido *del* pecado, y la segunda entrega al impenitente *al* pecado. En un sentido real la misericordia de Dios está obrando en ambas revelaciones. Por medio de cada una de ellas Dios busca incitar al hombre al arrepentimiento y la fe, y así reconciliarla con él. A veces los hombres no están listos para la revelación de la justicia de Dios por medio de la *liberación* hasta haber experimentado la revelación de la ira de Dios a través de la *degradación.* Ellos no se interesan por la libre gracia de Dios hasta que han experimentado la desgracia del pecado. Para muchos, las palabras "salvación" y "juicio" sonarán como el repicar de las campanas el domingo a las once de la mañana, hasta que algún sacudón les hace darse cuenta de que por ellos están doblando a muerto.

Tal fue el caso de aquel estudiante universitario que argumentaba que no estaba dispuesto a abandonar el pecado que había en su vida a menos que Dios le quitara antes los deseos pecaminosos. Este estudiante daba por sentado que el arrepentimiento es indoloro. Reveló sin embargo, su profundo conflicto interior cuando admitió: "Ya he ido más allá de los límites que me había fijado a mí mismo, ¡y apenas soy un principiante!" Aquí la revelación de la ira de Dios, la expresión del efecto del pecado en su vida, estaba penetrándole, mientras Juan 3:16 no lo afectó.

El pecado es siempre el juego más engañoso que existe. A nadie embaúca tan acabadamente como a la así llamada persona liberada. Mientras habla locuazmente acerca de un nuevo día, se está destrozando en antiguas inmoralidades.

La palabra griega para "muerte" es *tánatos,* y para medida es *métron.* Las enlazamos para acuñar el término "tanatómetro", un instrumento imaginario para medir la muerte interior de un hombre que está en rebelión contra Dios. ¡Ojalá hubiese un invento así para registrar la putrefacción en el centro mismo del propio ser de aquel que ha escogido la esclavitud del pecado en vez de la liberación de Dios! *Cuando un hombre ha pasado cierta medida en* edad y en experiencia parece tremendamente difícil convencerle de que se ha encerrado en un molde de autodestrucción. La perversión y el abatimiento que sobrevienen a los hombres que escogen la impiedad y la maldad es la revelación de la ira de Dios. Como toda revelación, puede ser recibida y escuchada, o puede ser ignorada y rechazada. Pero los hombres darán cuenta a Dios por su respuesta a la revelación de su ira como lo harán por su respuesta a la revelación de su justicia. Ellos necesitan saber que la libertad de la tiranía del pecado se halla solamente en la dirección de Dios. Aquellos que persisten en su rebelión contra Dios serán abandonados al dominio destructor del pecado.

El concepto de la ira de Dios desconcierta a la mayoría de las personas. C. H. Dodd trata de suavizar su dureza afirmando que Dios no se enoja con los hombres. Sostiene que Pablo usaba el término más bien en un sentido impersonal: "A través de todo este pasaje se presenta el progreso desastroso del mal en la sociedad como un proceso natural de causa y efecto, y no como un acto directo de Dios."[2]

Pero esta interpretación parece diluir lo que Pablo quiere significar en el pasaje. B. T. Dahlberg nos recuerda que: "A través del Antiguo y del Nuevo Testamentos, la ira divina, juntamente con otros aspectos de la autorrevelación de Dios, se considera como una manifestación de la verdadera voluntad de Dios mismo."[3] A. M. Hunter amonesta: "La verdad es que no nos gusta la frase porque hemos sentimentalizado nuestro concepto de Dios de un modo completamente no bíblico (sic). Ira —la fuerte y continua reacción del Dios santo contra el mal en todas sus formas— una ira que está en acción ahora y no solamente en el juicio final, es una parte esencial de cualquier concepción verdaderamente bíblica de Dios."[4]

No debemos pensar en la ira de Dios como en nuestras propias impertinentes manifestaciones de mal carácter. Es en cambio el conflicto de la santidad de Dios con todo lo que quiere falsear y destruir su creación. Es su firme posición contra todo pecado y rebelión. Dios juzga como juzga porque ama como ama. Mientras más se haya acondicionado uno a la tolerancia de nuestra época, menor será su capacidad para comprender esta verdad bíblica. La tolerancia pretende ser "super-amor" cuando en realidad rehúsa correr los riesgos de un amor de alto precio. Hay una gran diferencia entre indulgencia y perdón.

2. *La Revelación de Dios a Través de la Naturaleza (1:19, 20)*

Aquí Pablo comienza a describir en detalle la acusación hecha contra el mundo pagano resumida en el versículo anterior. Primeramente, él tiene que declarar los fundamentos de la responsabilidad de los gentiles ante Dios. Lo hace mostrando que Dios les ha dado un conocimiento válido de sí mismo a través de la naturaleza: "Porque lo que de Dios se conoce les es manifiesto, pues Dios se lo manifestó. Porque las cosas invisibles de él, su eterno poder y deidad, se hacen claramente visibles desde la creación del mundo, siendo entendidas por medio de las cosas hechas, de modo que no tienen excusa" (vv. 19, 20; véase también Hch. 14:15-17).

Revelación es darse a conocer, y es esencial para el conocimiento entre personas. Estos versículos afirman que Dios ha dado el primer paso buscando contacto con el mundo pagano. Por medio de la naturaleza él ha buscado revelarles su eterno poder y deidad. C. K. Barrett explica: "Lo que se ve con claridad es que Dios es Dios y no hombre. Es suficiente el observar la vida creada para mostrar que la creación no provee la clave de su propia existencia."[5]

Por medio de la naturaleza Dios revela bastante de sí mismo como para guiar al hombre a honrarle como Dios (1:21). Se puede experimentar lo suficiente de la revelación de Dios como para hacer de la gratitud una respuesta adecuada (1:21). De este modo, la revelación que Dios hace de sí mismo en la naturaleza establece las bases mínimas de la responsabilidad de todo hombre ante Dios. Nadie ha tenido jamás una base menor que ésta para conocer a Dios. Por supuesto, uno puede tener una mucho mayor, por ejemplo, la revelación de Dios por medio de la Ley, o su suprema revelación en Jesucristo. No obstante, la responsabilidad del hombre ante Dios se fundamenta en su respuesta a la revelación que Dios le haya proporcionado. El hombre no puede rechazar una luz que no posee. Es el *hecho* de la revelación de Dios, no su *amplitud* lo que constituye el argumento básico de Pablo aquí. Dios se revela a sí mismo por medio de la naturaleza; la naturaleza sola no revela a Dios. En realidad, separada de Dios, la naturaleza no revela nada. El orden de los fenómenos es sólo el medio; el revelador es Dios.

Además debemos observar que no hay nada automático en cuanto a la revelación de Dios por medio de la naturaleza. El Salmo 19:1 dice:

> Los cielos cuentan la gloria de Dios, y el firmamento anuncia la obra de sus manos.

Este versículo es verdadero para el hombre que está abierto a la autorrevelación de Dios en la naturaleza, pero no lo es para todos los individuos. Para algunos lo único que los cielos dicen es si mañana va a ser o no un buen día para plantar patatas o ir a pescar. Los hombres son tan capaces de rechazar la revelación de Dios en la naturaleza como lo son de rechazar su revelación en Jesucristo. Elizabeth Barrett Browning expresó esta idea en cuatro gráficas líneas:

> La tierra está henchida de cielo,
> y cada simple mata con fuego de Dios arde,
> mas sólo aquel que ve se quita su calzado:
> los demás se sientan a coger los frutos de la zarza.[6]

II. Respuesta de los Gentiles (1:21-23, 25, 28)

1. *Rebelión (1:21, 23, 25, 28)*

El hombre puede responder a la revelación de Dios en cualquier momento de dos maneras: en fe, o en rechazamiento. Tiene la facultad de decir sí o no, y persistir en ello. Porque a no ser que él tenga libertad para decirle no a Dios, y que ese no permanezca, él no puede verdaderamente decirle sí. Si ha de haber elección, las alternativas son indispensables. Y la elección, sea sí o no, es esencial al ser humano. El universalismo busca rescatar la integridad de Dios en el juicio final. Pero generalmente lo hace renunciando a la integridad, tanto de Dios como del hombre, en la creación.

¿Cómo había respondido el mundo pagano a la revelación de Dios por medio de la naturaleza? Pablo lo señala en varios lugares. El denuncia que "habiendo conocido a Dios no le glorificaron como a Dios, ni le dieron gracias" (v. 21). También que "cambiaron la gloria del Dios incorruptible en semejanza de imagen de hombre corruptible, de aves, de cuadrúpedos y de reptiles" (v. 23; véase v. 25). Y a pesar de todo lo que Dios había hecho, "ellos no aprobaron tener en cuenta a Dios" (v. 28).

Nótese que la culpa de los gentiles no provenía de una ignorancia de Dios o de sus demandas. Más bien se da por sentado que ellos conocían a Dios. Era la base sobre la que descansaba su responsabilidad. El conocimiento de Dios estaba al alcance, pero los hombres por su propia voluntad le cerraron sus mentes. Habían rechazado la revelación de Dios a ellos.

2. *Arrogancia (1:21, 22)*

Cuando el hombre rehúsa tener a Dios como Dios, se condena a tener como su dios a algo inferior a Dios. El candidato número uno para ese honor es el hombre mismo. El prefiere ser su propio dios. Es lo que mejor condice con su autoestimación. Está listo para resentirse ante cualquier sugerencia de que él no es apto para el papel de deidad. "¡No, dios, gracias! Por lo menos mientras yo esté a mano." Pablo declara que los gentiles "se envanecieron en sus razonamientos, y su necio corazón fue entenebrecido. Profesando ser sabios, se hicieron necios (versículos 21, 22).

El penetrante discernimiento de Pablo de la pecaminosidad humana ve al hombre como un rebelde contra su propio carácter de criatura. Está empeñado en un desesperado esfuerzo de arrebatar de las manos de Dios los derechos de la deidad. Este es el significado de Edén y Babel. El hombre se declara supremo y puebla el aire con su charlatanería. Bornkamm escribe: "El hombre debiera haberse ofrecido a sí mismo en gratitud y alabanza, y dedicádose al eterno poder y deidad del Creador. Pero ahora sus 'pensamientos', desligados del fundamento de una sujeción obediente, agradecida y llena de adoración, han llegado a ser los medios por los que él busca hacerse tan poderoso como Dios."[7] La máscara de dios es la más falsa de todas las máscaras que el hombre lleva.

3. *Idolatría (1:23, 25)*

La negativa del hombre a reconocer a Dios como Dios introduce la idolatría. Intenta una inversión del orden establecido en Génesis 1:26: "Entonces dijo Dios: 'Hagamos al hombre a nuestra imagen, conforme a nuestra semejanza; y señoree en los peces del mar, en las aves de los cielos, en las bestias, en toda la tierra, y en todo animal que se arrastra sobre la tierra.' " Dios el Creador colocó al hombre por encima de la creación animal inferior. Pero en rebelión contra Dios, el hombre arrogante trató de invertir este orden. Trató de cambiar "la gloria del Dios incorruptible en semejanza de imagen de hombre corruptible, de aves, de cuadrúpedos y de reptiles" (v. 23). Cambió la verdad de Dios por una mentira y dio culto a la criatura antes que al Creador (v. 25).

¡Qué trágica perversión! El hombre que ha rehusado adorar al Creador, termina adorando formas de vida animal. Barrett afirma ese juicio con el comentario: "El resultado inmediato de esta rebelión fue un estado de corrupción en el cual los hombres ya no eran capaces de distinguir entre ellos mismos y Dios, y por lo tanto cayeron en idolatría, tras la cual, en todas sus formas, yace el último recurso de hacer un ídolo de sí mismos."[8]

Una tarde en Taipeh, Formosa, un amigo misionero y yo caminábamos por una calle que se distinguía por una hilera de negocios de ídolos. Idolos de todas formas y facciones miraban en blanco, hacia abajo, desde sus sitios sobre las filas de estantes que cubrían cada negocio. Cualquiera de ellos podía ser quitado de su lugar en un instante con sólo poner la cantidad apropiada de dinero en la palma de la mano del dueño del negocio.

Mi amigo misionero y yo nos detuvimos ante uno de los negocios. Un joven artesano, de unos veinticinco años de edad, bien parecido, tenía ante sí un trozo de madera sobre el que había tallado la tosca forma de un dios. Tenía un cincel en la mano, y el piso a sus pies estaba cubierto de astillas.

"¿Es esto un dios?" le preguntó mi amigo en dialecto mandarín.

"Todavía no —contestó el joven. El dios no vive aún en la madera. Cuando lo haya terminado y dorado, haré que el sacerdote venga desde el templo. Se hará una ceremonia, y en ese momento el dios vendrá a vivir en la madera."

Durante la conversación el joven acompañaba sus corteses explicaciones con un rítmico golpear de su cincel sobre la cabeza del ídolo. ¡El mismo era mucho más insigne que la obra aún inconclusa de sus manos! Sin embargo, un día alguien creado a imagen de Dios se inclinaría ante ese ídolo que el joven había hecho. ¡Esa es la insensatez de la que Pablo escribe en estos versículos!

III. El Juicio de Dios (1:24-32)

Los hombres tienen libertad para recibir o rechazar la revelación de Dios. Pero no están libres de hacerlo sin consecuencias. De modo que la jactancia conocida de una libertad absoluta es una ilusión. ¿No es una ironía que los medios de comunicación constantemente asignan el término "liberado" a esas patéticas personas que están más esclavizadas a sus bajos apetitos? ¿Qué clase de tiranía es ésta que halla a sus quebrantadas víctimas poblando el aire con altivas pretensiones de libertad? Estas así llamadas "hermosas personas" tienen que correr ligeramente y fingir bastante para mantenerse ajenas al rápido ritmo de su morir interior. La única libertad que cualquier individuo posee en cualquier momento está limitada por las consecuencias de sus elecciones.

El rechazamiento de la revelación de Dios tiene horrendos resultados. Pablo los describe en uno de los más lúgubres pasajes de toda la Biblia. Cual el doblar de una campana, la temible frase "Dios los entregó" se repite tres veces en los versículos 24, 26, 28. ¿Es de asombrarse que el título descriptivo de Karl Barth para esta sección sea "La Noche"?

1. *A la Inmundicia (1:24, 25)*

Pablo escribe: "Por lo cual también Dios los entregó a la inmundicia, en las concupiscencias de sus corazones, de modo que deshonraron entre sí sus propios cuerpos" (v. 24). Los versículos que siguen explican esta inmoralidad como el resultado del rechazamiento de la verdad de Dios. Los hombres la cambiaron por la mentira. Confrontados por aquello que debió haber suscitado su adoración, escogieron honrar y dar culto "a las criaturas antes que al Creador" (v. 25). Divinizaron al orden creado y crearon lo divino en su propia imagen. Y así Dios les abandonó a las consecuencias de sus propios engreimientos. El los entregó a los resultados de su voluntaria insensatez. Y al quitárseles las restricciones divinas, los hombres se hundieron en una espiral autodegradante de sensualismo. Un predicador dijo una vez: "Cuando un hombre comienza a descender, pareciera que todo el universo está lubricado para la ocasión."

A menudo en el mundo antiguo la inmoralidad sexual era la sierva de la religión popular. La fornicación sacramental era una parte del ritual de muchos cultos a la fertilidad. Por medio de la mágica imitativa se suponía que la relación con una prostituta religiosa incitaba a la diosa y a su consorte a tener cópula, asegurando así las cosechas, los rebaños y las familias. De ese modo fue particularmente difícil establecer un concepto cristiano de una moralidad básica entre los sexos. La idolatría y la inmoralidad se sostenían mutuamente. (Véase Gá. 5:19-21).

2. *A la Perversión Sexual (1:26, 27)*

Pablo continúa: "Por esto Dios los entregó a pasiones vergonzosas; pues aun sus mujeres cambiaron el uso natural por el que es contra naturaleza, y de igual modo también los hombres, dejando el uso natural de la mujer, se encendieron en su lascivia unos con otros, cometiendo hechos vergonzosos hombres con hombres, y recibiendo en sí mismos la retribución debida a su extravío" (vv. 26, 27). (En la VM "extravío" se traduce como "error"[10].)

¿Qué enseña este pasaje sobre la homosexualidad? Obsérvese lo siguiente:

(1) La homosexualidad es el abandono a "pasiones vergonzosas" (v. 26). Cuando los hombres escogieron dar culto a la criatura antes que al Creador (1:25), la distinción entre Dios y su creación se obscureció. Con esta confusión entre los órdenes de deidad y de criatura, apareció una confusión de órdenes entre la criatura misma. Y así los hombres adoraron a los animales como dioses y usaron a otros hombres como mujeres. En semejantes pasiones tanto hombres como mujeres se deshonraron a sí mismos.

(2) La homosexualidad es "contra naturaleza" (v. 16). La mujer que tiene relaciones sexuales con otra mujer, y el hombre que tiene relaciones sexuales con otro hombre, actúan de manera contraria a la creación de Dios. Si se practicase universalmente, conduciría a la extinción de la raza humana en un corto tiempo. El homosexual que dice "Dios me hizo como soy" está atribuyendo al trono del universo una confusión que sencillamente no existe.

(3) La homosexualidad implica "hechos vergonzosos". (Véase *Reina Valera Antigua,* "cosas nefandas"[11]; VP, "cosas vergonzosas"; *La Biblia Latinoamericana,* "torpezas"[12].) La capacidad para avergonzarse es un índice de sensibilidad moral. El hombre condena el mal desde su interior. Si su conciencia es escuchada, ella lleva a cabo una función valiosa en la conducción moral. Pero cuando es ultrajada por violaciones repetidas, la capacidad para avergonzarse se endurece y poco después muere. Entonces los hombres llegan a hacer en público sin remordimiento aquello que antes les causaba zozobra. A esta muerte moral la llaman "liberación".

(4) La homosexualidad es perversión sexual, y conduce a un serio daño a los implicados. La VP realza este sentido al traducir: "sufren . . . en sus propios cuerpos el castigo de su perversión". Por necesidad moral (el significado de *edei*) hay retribución personal acorde con el mal que se ha hecho.

Es innecesario decir que la enseñanza bíblica con respecto a la homosexualidad difiere agudamente de los conceptos que están ganando terreno en nuestra cultura. Hubo un tiempo en que la

Asociación Americana de Psiquiatría clasificaba a la homosexualidad como una enfermedad emocional, y la trataba como tal. En años recientes, sin embargo, ha abandonado esa clasificación. La Asociación ya no la señala como una enfermedad. La tendencia ha sido considerarla como otro estilo de vida.

Algunas organizaciones de homosexuales reclaman cambios en las definiciones y estructuras legales. Están tratando de lograr la legalización de cualquier clase de relación sexual entre adultos que las consientan. De modo que la única pauta que se invoca es el consentimiento de los individuos participantes, como si la sociedad no estuviera en juego en el asunto. Esto es sexo libre: sexo sin guías o limitaciones bajo la ley.

Militantes homosexuales hasta han llevado sus campañas a las sesiones anuales de algunas denominaciones cristianas. Buscan aceptación y confirmación para sus puntos de vista y prácticas dentro de la familia de la fe bíblica. En algunas ciudades grandes iglesias licenciosas tienen cultos regulares.

Ninguno de estos esfuerzos para exigir aceptación social, autorización legal, y respetabilidad religiosa para la homosexualidad debe ser considerado livianamente. Ellos contradicen la clara enseñanza de la Palabra de Dios. Levítico 18:22 advierte: "No te echarás con varón como con mujer; es abominación" (véase también Gn. 19:4, 5; Lv. 20:13; 1 Ti. 1:10; Jud. 7).

Los hombres no buscan a un médico por aquello que consideran salud. Ellos buscarán un médico para aquello que consideran enfermedad. Podrán buscar un Salvador para aquello que creen es pecado.

El evangelio ofrece a los homosexuales algo mucho mejor que una autorización que les deja como son. Por medio de Jesucristo les ofrece la liberación para que sean como Dios quiere que sean. 1 Corintios 6:9-11 declara: "¿No sabéis que los injustos no heredarán el reino de Dios? No erréis; ni los fornicarios, ni los idólatras, ni los adúlteros, ni los afeminados, ni los que se echan con varones, ni los ladrones, ni los avaros, ni los borrachos, ni los maldicientes, ni los estafadores heredarán el reino de Dios. Y esto erais algunos; mas ya habéis sido lavados, ya habéis sido santificados, ya habéis sido justificados en el nombre del Señor Jesús, y por el Espíritu de nuestro Dios."

3. *A Una Mente Reprobada (1:28-32).*

Porque los hombres no aprobaron tener en cuenta a Dios, escribe Pablo, "Dios los entregó a una mente reprobada, para hacer cosas que no convienen" (1:28). Si se examinan distintas versiones se encontrarán diferentes traducciones del adjetivo griego *adókimon,* que modifica al sustantivo "mente". Por ejemplo, RVR60 dice "una mente reprobada"; el *Nuevo Testamento Viviente,* "mentes corruptas";[13] VP, "pensamientos perversos"; RV, "una mente depravada". En el texto griego hay un juego de palabras.

La traducción que sigue busca hacer más obvio el retruécano de Pablo: "Así como a ellos *no les pareció propio* reconocer a Dios, Dios les entregó a una mente "impropia, para hacer las cosas que son impropias" (1:28; tanto la traducción como las itálicas son del autor).

Inmediatamente Pablo detalla el estilo de vida característico de los gentiles rechazadores de Dios y rechazados por Dios: "Estando atestados de toda injusticia, fornicación, perversidad, avaricia, maldad; llenos de envidia, homicidios, contiendas, engaños y malignidades; murmuradores, detractores, aborrecedores de Dios, injuriosos, soberbios, altivos, inventores de males, desobedientes a los padres, necios, desleales, sin afecto natural, implacables, sin misericordia" (1:29-31).[14] En esta lista se hallan veintiún vicios que caracterizaban la antigua sociedad pagana. Señalaban la vida de aquellos a quienes Dios abandonó a las consecuencias de sus impías elecciones. Listas similares de vicios pueden hallarse en 2 Co. 12:20, 21; Gá. 5:19-21; Col. 3:5, 8, 9; 1 Ti. 1:9, 10; 2 Ti. 3:2-5.

Estos males antiguos tienen un sonido moderno. Parecen describir nuestro mundo actual. Los hombres no pueden rechazar a Dios y construir una sociedad en la cual no predominen estas cualidades destructivas. Y el hecho de que no puedan constituye la continuada revelación de la ira de Dios. La revelación de la ira de Dios es tan auténtica como su revelación de justicia. Toda utopía que intenten los hombres que rechazan a Dios está condenada a derrumbarse bajo el puro peso de su corrupción moral. Abandonada de Dios, toda empresa semejante está destinada a destruirse a sí misma. El Salmo 127:1 afirma:

"Si Jehová no edificare la casa
en vano trabajan los que la edifican.
Si Jehová no guardare la ciudad,
en vano vela la guardia."

El resultado final del rechazamiento de Dios por parte del hombre se señala en el último versículo del capítulo: "Quienes habiendo entendido el juicio de Dios, que los que practican tales cosas son dignos de muerte, no sólo las hacen, sino que también se complacen con los que las practican." (1:32). El pecado del hombre no proviene de su ignorancia de Dios. Más bien el pecado del hombre se expresa a sí mismo en su irracional rechazo de Dios y su tenaz dedicación al mal. El sabe que la justicia de Dios decreta la muerte para los que practican tales cosas. Podría esperarse que, aunque eligiendo para sí mismo este camino, algún vestigio de decencia o compasión le hiciera desear algo mejor para los demás. ¡Pero no! No sólo se vende a la depravación él mismo sino que además aplaude una degeneración similar en los demás.

¿No es notable que mucho de lo que la Biblia llama reprobación el hombre moderno lo denomine ya sea enfermedad u otro estilo de vida?

IV. Verdad para Hoy

1. *Dios siempre busca revelarse al hombre.*

Ro. 1:17 habla de la revelación de la justicia de Dios en la proclamación del evangelio de Jesucristo. Ro. 1: 19, 20 describe la revelación del eterno poder y deidad de Dios por medio de la naturaleza. Y Ro. 1:18, 24-32 detalla la revelación de la ira de Dios en las consecuencias destructoras que sobrevienen a los hombres rebeldes que han sido abandonados a la tiranía de sus pecados. Ninguna persona racional, en lugar alguno, puede aducir falta de oportunidad para un conocimiento válido de Dios. Los hombres tienen acceso a la revelación de Dios por medio de la naturaleza, y algunos tienen mucho más, la Biblia y la autorrevelación de Dios en Jesucristo. Para la mayoría de nosotros la luz de la revelación de Dios nunca ha brillado tanto como en el presente.

2. *El hombre moderno tiende a tener una idea superficial de la dimensión del mal en el mundo.*

Después de un hábil análisis de los problemas del mundo, el

hombre moderno se inclina a sentir que las soluciones finales residen en la dirección de más tecnología y educación. Ciertamente la ciencia y la educación han sido consideradas por muchos como los mesías gemelos de la humanidad adulta. Y sin embargo, ni la una ni la otra pueden hacer buenos a los hombres. Tan sólo la gracia de Dios, y nada menos que ella, puede llevar a cabo esta tarea. Cuando el diagnóstico del problema es deficiente, el remedio recetado también lo será.

3. *Hacemos bien en reconocer el peligro de colocar nuestra voluntad por encima de la voluntad de Dios para nuestras vidas.*

Dios no nos coerce. Después de largos y pacientes esfuerzos para ganarnos para sí y para sus caminos, Dios nos abandona a las consecuencias de la vida que hemos elegido. El resultado es siempre el desastre. Por otra parte, la voluntad de Dios señala el derrotero hacia la más elevada realización que cualquiera de nosotros pueda conocer.

Notas del Capítulo 2

[1] Para una discusión detallada de las maneras en que los hombres han tratado de relacionar las dos revelaciones en Ro. 1:17, 18, véase Günther Bornkamm, *Early Christian Experience,* trad. Paul L. Hammer (New York: Harper and Row, Publishers, 1969), pp. 47-64.

[2] Dodd, *op. cit.*, p. 29.

[3] B. T. Dahlberg, "Wrath of God," *The Interpreter's Dictionary of the Bible,* p. 903.

[4] A. M. Hunter, *The Epistle to the Romans,* Torch Bible Commentaries (London: SCM Press Ltd., 1955), p. 31.

[5] C. K. Barrett, *A Commentary on the Epistle to the Romans,* Harper's New Testament Commentaries, ed. Henry Chadwick (New York: Harper and Row, Publishers, 1957), p. 35.

[6] Elizabeth Barrett Browning, "Aurora Leigh," Seventh Book, 821-24, in *The Complete Poetical Works of Mrs. Browning* (Boston: Houghton-Mifflin Company, 1900), p. 372.

[7] Bornkamm, *Early Christian Experience,* p. 56.

[8] Barrett, *op. cit.*, p. 37.

[9] Barth, *op. cit.*, pp. 42-54.

[10] Mientras que la *Versión Moderna* traduce *plane* como "error", la *Versión Popular* lo traduce "perversión". El contexto está en favor de un término más fuerte que "error". En el pensamiento de Pablo la homosexualidad es más que una equivocación; es una perversión.

[11] De la *Reina Valera Antigua,* publicada por las Sociedades Bíblicas Unidas, 1954. Todas las citas que siguen de esta versión están indicadas por la abreviatura RV.

[12] De *La Biblia Latinoamericana,* publicada por las Ediciones Paulinas, España,

1972. Todas las citas que siguen de esta versión están indicadas por la abreviatura BL.

[13] Del *Nuevo Testamento Viviente*, 1972 por Tyndale House Publishers. Todas las citas que siguen de esta versión están indicadas por la abreviatura NTV.

[14] De *The Letter to the Romans*, traducida e interpretada por William Barclay. Publicada en los Estados Unidos por The Westminster Press, 1957. William Barclay discute estos veintiún pecados por orden, dando útiles discernimientos lexicográficos y fondo histórico.

Actividades para el Aprendizaje Personal

Marque las respuestas

1. De las dos listas que siguen elija lo que corresponde con la presentación que Pablo hace de la culpabilidad de los gentiles ante Dios:

Lista uno	Lista dos
a. Sin revelación	a. Describe la revelación de Dios a los gentiles
b. Sin moralidad	b. La revelación de Dios rechazada
c. Bajo la ira de Dios	c. La ira de Dios como revelación

2. ¿Verdadero o Falso? La ira de Dios obrando en el mundo es una revelación del rechazo de Dios a la impiedad. ________
3. ¿Verdadero o Falso? La ira de Dios se expresa —al menos parcialmente— desatando sobre el pecador los efectos desastrosos del pecado. ________
4. ¿Verdadero o Falso? Tanto la justicia de Dios como su ira son expresiones de la misericordia de Dios. ________
5. ¿Verdadero o Falso? Pablo escribe en Romanos 1:19, 20 que la revelación de Dios a los gentiles fue por medio de la naturaleza. ________
6. ¿Verdadero o Falso? Pablo acusa a los gentiles de rechazar la revelación de Dios en la naturaleza. ________
7. De la lista que sigue elija aquellos resultados que surgieron del rechazo de los gentiles de la revelación de Dios.
(1) Inmoralidad (2) Perversión sexual (3) Enfermedad física (4) Pobreza (5) Mente reprobada

Respuestas:

1. Lista dos (2); 2. Verdadero 3. Verdadero 4. Verdadero 5. Verdadero 6. Verdadero 7. (1), (2), (5).

Capítulo 3

Sin Excusa Delante de Dios: los Judíos

Romanos 2:1—3:20

El extravío del mundo gentil era claramente visible en el primer siglo. Su estado de perdición se describe en Romanos 1:18-32. Los veintiún vicios que Pablo cita en los versículos 29 al 31 detallan la depravación de la sociedad pagana en caracteres suficientemente grandes como para que todos puedan verlos. Proporcionan uno de los más lúgubres retratos que jamás se hayan escrito de la capacidad de la naturaleza humana para hundirse.

La culminación de la degradación pagana se describe en Romanos 1:32. Aquí Pablo denuncia la perversidad que yace en el centro de toda rebelión contra Dios. El problema no proviene de una falta de oportunidad de conocer a Dios o su voluntad. Antes, en pleno conocimiento de que aquellos que estaban entregados a tales vicios merecían la muerte, los gentiles se regocijaban en ellos. Además aprobaban la misma degradación en otros. Esto denotaba la muerte de la capacidad para avergonzarse, que todos los réprobos de todos los tiempos osadamente pregonan como iluminación. En verdad, la condición de ellos es el resultado de la ira de Dios obrando contra toda impiedad e injusticia de los hombres (1:18).

Hay otra clase de extravío más difícil de reconocer. Esto es así porque tiene una apariencia religiosa. Por ejemplo, puede expresar indignación moral contra los pecados de la sociedad en general. Arrogándose una posición junto al trono de Dios, afirma la justicia de la ira de Dios que abandona a los hombres a las consecuencias de sus pecados. Seguramente aquellos que aprueban el juicio de Dios sobre los impíos deben ser su pueblo.

Además, la dificultad para reconocer esta forma de extravío crece cuando el que aparenta asume el papel de maestro religioso. La preocupación misionera por otros, ¿no confirma una relación correcta con Dios?

Más aún, esta clase de extravío forma parte de una noble herencia religiosa. Los símbolos que hablan de los grandes momentos de su historia son a la vez bien conocidos y reverenciados. La conciencia de una herencia religiosa y la estimación por sus símbolos, ¿no confirman que un pueblo pertenece a Dios?

Es casi impensable que tales manifestaciones de devoción religiosa broten de corazones que están endurecidos e impenitentes para con Dios. ¡Sin embargo, esta es la acusación que Pablo presenta contra los judíos, su propio pueblo, en Romanos 2:1—3:20!

El extravío de los réprobos y de los religiosos no son más que distintas formas de la misma enajenación de Dios.

I. Presunción con Respecto a Dios (2:1-16)

1. *Una Inmunidad Imaginaria al Juicio de Dios (2:1-11)*

Los judíos, a diferencia de los gentiles descritos en Romanos 1:32, no aprobaban a los que practicaban vicios paganos. Muy al contrario, los condenaban muy severamente.[1] Ellos estaban de acuerdo en que el juicio de Dios caía con justicia sobre los gentiles en su condición depravada. Al hacerlo, revelaban un conocimiento de Dios, una conciencia del pecado, y un reconocimiento de su derecho a juzgarlo. Este discernimiento espiritual realzaba la necesidad de los judíos de prestar una obediencia aún mayor a la voluntad de Dios.

Pero, ¿y si esos que aprobaban el juicio de Dios sobre otros eran también ellos culpables de los mismos pecados? ¿Habrían de imaginar que ellos escaparían al juicio de Dios? ¡No! Pablo denuncia que al condenar a los gentiles, los judíos se condenaban a sí mismos: "Por lo cual eres inexcusable, oh hombre, quienquiera que seas tú que juzgas; pues en lo que juzgas a otro, te condenas a ti mismo; porque tú que juzgas haces lo mismo" (2:1).

Esta tendencia que tenían los judíos de aplaudir los juicios de Dios sobre otros, en tanto que esperaban un trato favorable hacia ellos, tenía una larga historia. Los lectores pueden recordar la experiencia de Amós, el fiel profeta de Dios del Reino del Norte durante el reinado de Jeroboam II, en el siglo VIII a. de J.C. Cuando él anunciaba el juicio de Dios sobre los países vecinos, incluyendo aun a Judá, evidentemente era bien recibido (Amós 1:1—2:5). Pero cuando profetizaba el juicio de Dios sobre Israel, halló fuerte oposición. Sin pérdida de tiempo Amasías, el sacerdote de Bet-el, le ordenó irse de Israel y llevar sus profecías a Judá (Amós 7:10-13).

A aquellos que anhelaban la venida del día del Señor, Amós les entregó un mensaje tremendo. Israel pensaba que sería un tiempo en que el Señor lo vindicaría ante los ojos de todas las otras naciones. Su juicio caería sobre los paganos a causa de sus pecados, en tanto que Israel sería bendecido. Sin embargo, Amós declaró que el día del Señor sería una oportunidad en que Dios, no Israel, sería vindicado. Este acontecimiento demandaría que su juicio cayese sobre Israel por sus pecados tanto como sobre las otras naciones. De modo que para Israel ansiar la venida del día del Señor era como implorar su propia condenación (Amós 5:18).

La Sabiduría de Salomón, un escrito apócrifo del primer siglo antes de Cristo, da otro ejemplo de la expectación judía de un trato de preferencia en el juicio. El siguiente pasaje, 12:22, (véase también 11:10; 15:2) indica claramente la creencia en un criterio diferente de juicio para con los judíos:

> "De modo que en tanto nos castigas
> tú azotas a nuestros enemigos
> diez mil veces más,
> para que podamos meditar
> en tu bondad cuando nosotros juzgamos,
> y cuando somos juzgados
> podamos esperar misericordia."[2]

En el *Diálogo con Trifón*, de Justino Mártir, el judío dijo: "Los que son de la simiente de Abraham según la carne participarán de todas maneras en el reino eterno, aun cuando fueren pecadores e incrédulos y desobedientes a Dios."[3]

¡Qué trágica perversión de lo que significa ser el pueblo de Dios! Esto no es fe en Dios. Es presunción con respecto a Dios, como lo será siempre cuando su pueblo espere indulgencia para sí respecto a los pecados que Dios castiga en otros. Tal complacencia apenas puede evitar que se interprete que el pecado es un privilegio de los elegidos. Por esta razón la indignación moral es engañosa, a no ser que vaya acompañada de una conducta que le impida a uno cometer los pecados que condena en otros.

Juan el Bautista dijo a los fariseos y saduceos que venían para ser bautizados: "¡Generación de víboras! ¿Quién os enseñó a huir de la ira venidera? Haced, pues, frutos dignos de arrepentimiento, y no penséis decir dentro de vosotros mismos: A Abraham tenemos por padre; porque yo os digo que Dios puede levantar hijos a Abraham aun de estas piedras" (Mt. 3:7-9). Y en un espíritu similar Pablo desafiaba al judío de su época: "¿Y piensas esto, oh hombre, tú que juzgas a los que tal hacen, y haces lo mismo, que tú escaparás del juicio de Dios?" (2:3).

En realidad tal hipocresía se vanagloría de la gran benignidad, paciencia y longanimidad de Dios —o la trata con desprecio— (2:4). Estas tres palabras describen una revelación que fue más allá de la manifestación a los gentiles de su eterno poder y deidad por medio de la naturaleza (véase Ro. 1:20). Las tres palabras sugieren las cualidades divinas mostradas durante el transcurso de siglos de tratos misericordiosos de Dios con los judíos. Dios tuvo una disposición bondadosa para con ellos. El fue benigno, deteniendo con misericordia la rápida ejecución de su juicio. El fue longánimo (lo opuesto a un temperamento exaltado) soportando pacientemente los muchos males cometidos.

En todo esto Dios tenía el propósito de conducir a los judíos al arrepentimiento. En lugar de ello, eso los condujo a dar por sentada su misericordia y a asumir una posición privilegiada con respecto al juicio divino. Este concepto significaba hollar la misericordia de Dios. Mientras pretendían gloriarse en la misericordia de Dios para con ellos, los judíos realmente la trataban con menosprecio. Porque toda alabanza de la bondad de Dios que no lleva consigo arrepentimiento y fe obediente es en verdad un desprecio de esa bondad. Tal alabanza brota de corazones endurecidos e impenitentes para con Dios, no importa cuán expertos sean en denunciar los pecados de otros. Así, Pablo amonesta: "Pero por tu dureza y por tu corazón no arrepentido, atesoras para ti mismo ira para el día de la ira y de la revelación del justo juicio de Dios" (2:5). Aquí Pablo está contemplando el día del juicio al final de los tiempos. Entonces vendrá la revelación culminante del justo juicio de Dios que ahora se está revelando como ira contra toda impiedad (1:18).

Esta actitud "para ti, no para mí" de los judíos hacia el juicio divino caracteriza el extravío de los religiosos. Por ello Pablo encuentra necesario poner de relieve el juicio imparcial de Dios, "el cual pagará a cada uno conforme a sus obras: vida eterna a los que, perseverando en bien hacer, buscan gloria y honra e inmortalidad, pero ira y enojo a los que son contenciosos y no obedecen a la verdad, sino que obedecen a la injusticia" (2:6-8).[4] Expresando de nuevo este principio en los versículos 9 y 10, Pablo asevera la prioridad de los judíos sobre los gentiles en juicio tanto como en salvación (1:16). La revelación más plena de Dios a ellos también estableció las bases para la mayor responsabilidad de ellos hacia Dios. Y entonces Pablo reitera: "Porque no hay acepción de personas para con Dios" (*La Biblia de las Américas* dice, "con Dios no hay parcialidad"[5]) (2:11).

La palabra traducida "parcialidad" está compuesta por dos palabras en el texto griego. Una significa "apariencia", y la otra se deriva del verbo "recibir". Entonces "parcialidad" es "recibir por la apariencia". Es "acepción de personas" no en el sentido de honrar la dignidad personal de todos, sino de dar a algunos un trato especial. Y esta tendencia al favoritismo, tan típica de la pequeñez humana, no tiene nada que ver con Dios (véase Col. 3:25; Ef. 6:9; Stg. 2:1).

2. *Juicio Con o Sin la Ley (2:12-16)*

Con referencia al juicio de Dios, ¿qué les significaba a los judíos el tener la Ley? ¿Qué significaba para los gentiles la falta de acceso a la Ley de Moisés? ¿Podían los judíos esperar un trato de preferencia por tenerla? ¿O podían los gentiles pedir consideración especial por no tenerla? A tal asunto da Pablo ahora su atención.

En primer lugar, obsérvese lo que significaba para los judíos el tener la ley. Ciertamente la revelación de Dios por medio de la ley proporcionaba una gran ventaja (véase Ro. 3:1, 2). Daba a conocer de un modo más completo la voluntad de Dios, dando posibilidad de tener un conocimiento más pleno de él. Pero la mayor oportunidad para conocer la voluntad de Dios implicaba también una mayor responsabilidad de hacerla. El beneficio de la ley no provenía de estar en la tradición histórica en que fue dada. Ni tampoco se hallaba el beneficio de la ley en estar identificados con aquellos a cuyo cuidado había sido encomendada. Ni en el estar escuchándola cuando se leía cada sábado en los cultos de la sinagoga. Ciertamente estas eran ventajas potenciales. Pero Pablo sienta bien clara la verdad de que a los judíos no les significaba ningún provecho el poseer la ley si no la obedecían: "Porque no son los oidores de la ley los justos ante Dios, sino los hacedores de la ley serán justificados" (2:13). Por otra parte, "todos los que bajo la ley han pecado, por la ley serán juzgados" (2:12), Barrett ha comentado: "La ley no es un talismán cuyo propósito es preservar a los que la poseen. Es un instrumento de juicio, y el pecado no es menos pecado, sino más, cuando se realiza dentro de la esfera de la ley."[6]

Pero, ¿y los gentiles, que no tuvieron acceso a la revelación más plena de Dios que estaba al alcance de los judíos por medio de la ley de Moisés? ¿Podrán ellos argüir inmunidad en el juicio? ¡No! Pablo escribe: "Todos los que sin ley han pecado, sin ley también perecerán" (2:12). Ningún gentil será tenido por responsable por una luz que no tuvo. Pero por la misma razón él será juzgado sobre la base de la revelación que Dios le había proporcionado.

Además, había un sentido real en el cual los gentiles también habían tenido acceso a la ley de Dios —no la ley escrita, por cierto, sino la ley interior de la conciencia. Pablo declara: "Cuando los gentiles que no tienen ley, hacen por naturaleza lo que es de la ley, éstos, aunque no tengan ley, son ley para sí mismos, mostrando la obra de la ley escrita en sus corazones, dando testimonio su conciencia, y acusándoles o defendiéndoles sus razonamientos." (2:14, 15).

Por medio de la conciencia Dios escribió sobre los corazones de los gentiles lo que la ley requería. La conciencia de ellos ejercía las funciones de un juez moral: por una parte, condenando un pensamiento o acción; por la otra, defendiéndolo. De este modo Pablo trae a todos los hombres, gentiles tanto como judíos, bajo la ley de Dios. Bornkamm explicaba: "A todos, no solamente a los judíos, les fue dada la ley de Dios, aunque en diferentes maneras —la una sobre tablas de piedra en Sinaí, la otra escribiéndola sobre sus corazones— y todos, no sólo los gentiles, vendrán a juicio."[7]

Dios juzgará los secretos tanto de los judíos como de los gentiles, ya sea por la ley escrita o por la ley de la conciencia, a la luz del evangelio de Cristo en el día final (2:16).[8]

II. Orgullo e Hipocresía (2:17-29)

1. *Cuando los profesantes no practican (2:17-24)*

Como judío Pablo conocía bien el orgullo de una herencia religiosa favorecida. En Gálatas 1:13, 14 escribe: "Porque ya habéis oído acerca de mi conducta en otro tiempo en el judaísmo, que perseguía sobremanera a la iglesia de Dios, y la asolaba; y en el judaísmo aventajaba a muchos de mis contemporáneos en mi nación, siendo mucho más celoso de las tradiciones de mis padres." Y en Filipenses 3:5, 6 detalla varias razones que antes tenía para confiar en la carne: "Circuncidado al octavo día, del linaje de Israel, de la tribu de Benjamín, hebreo de hebreos; en cuanto a la ley, fariseo; en cuanto a celo, perseguidor de la iglesia; en cuanto a la justicia que es en la ley, irreprensible."

Es interesante observar contra este fondo de experiencia personal los rasgos de orgullo judío que Pablo menciona en Romanos 2:17-20. Ellos llegaban a constituir una elevada autoestimación para el judío. En realidad estos cuatro versículos constituyen una larga cláusula condicional en una frase condicional (*La Biblia de Jerusalén* usa "si".)[9] Al usar "si" con el indicativo y no con el subjuntivo, Pablo recalca una acción real más bien que una meramente potencial. Es decir, que las actitudes y conducta atribuidas a los judíos en estos versículos no eran hipotéticas o imaginarias: eran reales.

El "si" que inicia el versículo 17 rige a los seis verbos que siguen. El conjunto de estos verbos explica el orgullo judío de las siguientes maneras:

(1) *Tú tienes el sobrenombre de judío (v. 17).*

El uso más anticipado del nombre "judío" en el Antiguo Testamento se halla en 2 Reyes 16:6, "los hombres de Judá". Tanto durante el exilio como después de él el nombre se hizo corriente. El judío se sentía orgulloso de ser conocido como un judío.

(2) *Te apoyas en la ley (v. 17)*

El verbo traducido "apoyas" (griego: *epanapauomai*) aparece sólo dos veces en el Nuevo Testamento: Lucas 10:6 y aquí. Tiene el sentido de hallar descanso o sostén en algo. De modo que el judío descansaba o hallaba sostén en la ley. En Romanos 2:13 Pablo ya había reprobado a aquellos que eran oidores pero no hacedores de la ley.

(3) *Te glorías en Dios (v. 17)*

¿Hay un privilegio o capacidad más elevado que un hombre pueda tener que este: tener su orgullo o gloria en Dios? Este es el corazón de la adoración. (Véase Is. 45:25; Jer. 9:24; 1 Co. 1:31). El verbo que Pablo usa aquí (griego: *kauchaomai*) es el mismo que usa en Gálatas 6:14: "Pero lejos esté de mí gloriarme, sino en la cruz de nuestro Señor Jesucristo, por quien el mundo me es crucificado a mí, y yo al mundo."

(4) *Conoces su voluntad (v. 18)*

El texto original dice simplemente "la voluntad". Pero el contexto y el uso común dejan aclarado que se refiere a la voluntad de Dios. La ley era considerada como la plena revelación de la voluntad de Dios.

(5) *Apruebas lo mejor (v. 18)*

La frase en griego, *ta diapheronta*, (arriba traducida "lo mejor") puede significar dos cosas: "las cosas que sobresalen" o "las cosas que difieren". En ambos casos Pablo declara que la razón por la cual los judíos tenían esta capacidad consistía en que eran instruidos en la ley (2:18).

(6) *"Y confías en que eres guía de los ciegos, luz de los que están en tinieblas, instructor de los indoctos, maestro de niños" (vv. 19, 20a).*

Todos los vocablos aplicados al judío —"guía", "luz", "instructor", "maestro" —son de autoalabanza. Y todos los términos aplicados a los gentiles —"ciegos", "tinieblas", "indoctos", "niños"— son difamantes. Ellos revelan a la vez la alta estima que los judíos tenían de sí mismos y la baja consideración que tenían para los gentiles.

A través de las largas cláusulas "si" de los versículos 17 al 20, hay un constante agrupamiento de las pretensiones del prejuicio y orgullo judíos. A uno le parece que los más acérrimos lectores judíos han de haber comenzado a retorcerse a medida que Pablo apilaba una cláusula sobre otra. El profeta Natán había usado la historia del hombre pobre privado de su oveja para preparar al rey David para la sentencia "Tú eres el hombre" (2 S. 12:7). Pero Pablo utiliza una lista de jactancias judías para preparar a sus compatriotas judíos para la censura contenida en los versículos 21 al 24.[10] La acusación consiste en cinco preguntas retóricas (vv. 21-23) y un pronunciamiento (v. 24).

Obsérvese que en cada una de las preguntas Pablo acusa a los judíos de una horrorosa brecha entre lo que profesaban y lo que hacían. Así, estos versículos sirven para detallar las acusaciones contra los judíos hechas en Romanos 2:3.

- *Tú, pues, que enseñas a otro, ¿no te enseñas a ti mismo? (v. 21)*

Uno tiene que conocer la verdad para enseñarla. ¿Se atreverá alguien a enseñar a otros lo que no se aplica a sí mismo?

- *Tú que predicas que no se ha de hurtar, ¿hurtas? (v. 21)*

Este es el octavo mandamiento. Hay muchas clases de robos. El profeta Amós denunció a los codiciosos mercaderes que estaban ansiosos por que las festividades religiosas transcurriesen a fin de poder reiniciar nuevamente sus ventas de trigo con balanzas falsas (Amós 8:5).

- *Tú que dices que no se ha de adulterar, ¿adulteras? (v. 22)*

Este es el séptimo mandamiento. Aquí uno recuerda el incidente de la mujer tomada en adulterio y traída ante Jesús, como se registra en algunos antiguos textos de Juan 7:53 al 8:11.

- *Tú que abominas los ídolos, ¿cometes sacrilegio? (v. 22)*

La VM tiene aquí el verbo (griego: *hierosuleis*) "¿robas templos?" Es un verbo que sólo aparece en este lugar en todo el Nuevo Testamento. La forma adjetivada de esta palabra sólo se encuentra en Hechos 19:37, donde se traduce "sacrílegos". Estas dos traducciones indican que hay desacuerdo con respecto al significado de la palabra: ya sea robar templos, o, más en general, cometer alguna acción irreverente contra un lugar sagrado.

- *Tú que te jactas de la ley, ¿con infracción de la ley deshonras a Dios? (v. 23)*

El quebrantar la ley hacía que la jactancia de los judíos en ella fuese un gesto vacío. Dios no quería alabanzas a su revelación en la ley al precio de su desobediencia a la misma. Además, cuando los judíos alababan a Dios en lugar de obedecer a su voluntad, conducían a los gentiles a injuriar a Dios. Pablo cita Isaías 52:5 para apoyar la acusación involucrada en sus preguntas: "Como está escrito: 'el nombre de Dios es blasfemado entre los gentiles por causa de vosotros' " (Ro. 2:24).[11] ¡La desobediencia a la revelación de Dios en la ley hacía de los judíos lo contrario de una nación de sacerdotes! En lugar de llevar a los gentiles a buscar y alabar a Dios por su fidelidad, con sus transgresiones les hacían blasfemar su nombre.

De igual modo pueden los cristianos hoy, con un burdo discipulado, hacer que otros se burlen de Dios.

2. *Cuando la circuncisión se torna incircuncisión (2:25-29)*

Otra razón importante por la cual los judíos se jactaban de aventajar a los gentiles era la circuncisión. Aunque el rito había sido practicado por muchos pueblos del mundo antiguo, para los judíos tenía un significado especial. Dios había mandado a Abraham: "Este es mi pacto, que guardaréis entre mí y vosotros y tu descendencia después de ti: Será circuncidado todo varón de entre vosotros. Circuncidaréis, pues, la carne de vuestro prepucio, y será por señal del pacto entre mí y vosotros'' (Gn. 17:10, 11). Y este mandamiento no había sido tomado a la ligera, porque Dios advirtió: "Y el varón incircunciso, el que no hubiere circuncidado la carne de su prepucio, aquella persona será cortada de su pueblo; ha violado mi pacto" (Gn. 17:14). No es de asombrarse que los judíos atribuyesen gran significado a la circuncisión.

Pablo admite su valor, pero insiste sobre la obediencia a la ley que el rito significaba: "Pues en verdad la circuncisión aprovecha, si guardas la ley; pero si eres transgresor de la ley, tu circuncisión viene a ser incircuncisión" (2:25).

Durante el siglo segundo antes de Cristo, Antíoco Epífanes, el monarca sirio, trató de imponer la cultura griega a los judíos. Para escapar persecución, algunos de los judíos colaboraron con los paganos. Renunciaron al pacto de Dios y entraron en un pacto con Antíoco. En 1 Macabeos 1:14, 15 se registra: "De modo que hicieron un gimnasio en Jerusalén, de acuerdo con la costumbre gentil, y se quitaron las señas de la circuncisión, y abandonaron el santo pacto. Se unieron a los gentiles y se vendieron al mal."[12] Así como la circuncisión había sido la señal del pacto de los judíos con Dios, la remoción de las marcas de la circuncisión llegaron a ser la evidencia de su pacto con un monarca pagano.

Según Pablo, por la transgresión de ellos a la ley, la circuncisión de los judíos llegó a ser incircuncisión.

En el versículo 26 Pablo aplica su punto de vista a los gentiles. Si la obediencia a la ley hacía que la circuncisión fuese válida como una señal del pacto de Dios con los judíos, entonces, ¿qué acerca de los gentiles incircuncisos que guardaban los preceptos de la ley? ¿No haría su obediencia que su incircuncisión fuese tenida por circuncisión?[13]

En los versículos que siguen Pablo lleva esta línea de razonamiento aún más lejos. "Y el que físicamente es incircunciso, pero guarda perfectamente la ley, te condenará a ti, que con la letra de la ley y con la circuncisión eres transgresor de la ley" (2:27). En Romanos 2:14, 15 Pablo había colocado a los gentiles junto a los judíos como hombres bajo ley. Los primeros bajo la ley de la conciencia, y los últimos bajo la ley de Moisés. Esta era ya bastante difícil de aceptación por parte de los judíos que se jactaban de la ley. Pero aquí Pablo va aún más lejos. El coloca a los gentiles incircuncisos que guardan los preceptos de la ley sin tenerla, por encima de los judíos que tienen la ley pero no la guardan. Ciertamente esos gentiles condenarán a los judíos quebrantadores de la ley (véase Mt. 12:41, 42 donde Jesús pronunció un juicio similar contra los judíos).

Esta lógica lleva a Pablo a sacar en limpio qué significa ser judío y qué es la verdadera circuncisión. El versículo 28 presenta el lado negativo del argumento: "Pues no es judío el que lo es exteriormente, ni es la circuncisión la que se hace exteriormente en la carne." El versículo 29 presenta la afirmación positiva: "Sino que es judío el que lo es en lo interior, y la circuncisión es la del corazón, en espíritu, no en letra; la alabanza del cual no viene de los hombres, sino de Dios." (Véase Gá. 5:6; 6:15; 1 Co. 7:19; Col. 2:11).

Las palabras traducidas "en espíritu, no en letra", tienen una traducción más clara: "según el Espíritu y no según la ley escrita" (BL). En esta versión la referencia es al Espíritu de Dios más bien que al espíritu del hombre.

En la parte final del versículo 29 Pablo hace referencia al significado original de la palabra "judío", que es "alabanza". (Véase Gn. 29:35; 49:8). Entonces, el verdadero judío es uno "la alabanza del cual no viene de los hombres, sino de Dios" (v. 29).

III. La Ventaja de los Judíos (3:1-8)

1. *Encargados de la Palabra de Dios (3:1, 2)*

Lo que Pablo acababa de escribir acerca de la verdadera identidad judía y la genuina circuncisión era chocante a sus compatriotas judíos (2:25-29). El había insistido en que la desobediencia a la ley de Dios hacía de la circuncisión del judío una incircuncisión (2:25). Además había afirmado que la obediencia a los preceptos de la ley hacía de la incircuncisión de los gentiles una circuncisión (2:26). De modo que el obediente aunque incircunciso gentil era colocado por encima del desobediente pero circunciso judío. Ciertamente él condenaría al judío que tenía la ley y la circuncisión, pero era infiel a ambas (2:27). Ningún linaje podía ya sea asegurar o negar a uno una categoría de verdadero judío. Ni podía circuncisión alguna de la carne ya sea asegurar o imposibilitar la obediencia a la ley de Dios, de lo cual era una señal (2:28, 29).

Esto lleva a Pablo a poner en boca de su imaginario objetor la pregunta que oyentes judíos probablemente le habrían hecho en muchas discusiones: "¿Qué ventaja tiene, pues, el judío? ¿O de qué aprovecha la circuncisión?" (3:1). Algunos comentaristas han dicho que Pablo debiera haber contestado "¡Ninguna!" Pero, si el Antiguo Testamento significa algo, él no podría haber dado esa respuesta y permanecido fiel a su mensaje. Dios había establecido su pacto. A través del éxodo de Egipto, el establecimiento en Canaán, el exilio en Babilonia y el regreso a la Tierra Prometida, Dios había tratado a los judíos como el pueblo del pacto. Pablo era lo suficientemente bueno como judío para no negar la verdad de su herencia. Sí, y como los profetas antes que él, era un judío lo suficientemente bueno como para no quedar callado cuando la substancia de la religión era substituida por el formalismo. Eso constituía una gran traición a la relación del pacto.

La respuesta de Pablo a su propia pregunta es: "Mucho, en todas maneras. Primero, ciertamente, que les ha sido confiada la palabra de Dios" (3:2). Esto suena como si Pablo estuviera por citar en los versículos que siguen varias ventajas judías. En realidad, se queda con la primera, aunque más tarde en Romanos 9:4, 5 enumere otras: "que son israelitas, de los cuales son la adopción, la gloria, el pacto, la promulgación de la ley, el culto y las promesas; de quienes son los patriarcas, y de los cuales, según la carne, vino Cristo, el cual es Dios sobre todas las cosas, bendito por los siglos. Amén." En verdad, Pablo ni siquiera explicó aquella ventaja judía que había mencionado, el habérseles confiado la palabra de Dios (3:2).

¿Qué quiere decir con la expresión "la palabra de Dios"? Barclay[14] y unos pocos más dicen que se refiere específicamente a los Diez Mandamientos. Otros eruditos las han asociado con las promesas mesiánicas en el Antiguo Testamento. Pero Barrett observa con sabiduría: "El paralelo en 9:4 sugiere que se refiere aquí a *todo* el Antiguo Testamento."[15] La revelación de Dios en el Antiguo Testamento dio al judío una oportunidad de conocer más acerca de él que la que tenían los gentiles por medio de la naturaleza (1:19, 20) y de la conciencia (2:14, 15). Pero esta ventaja era una responsabilidad tanto como un privilegio. Dios hizo al judío responsable por su mayor oportunidad.

2. *Algunas Preguntas Inquietantes (3:3-8)*

En lugar de una lista de ventajas judías, Pablo presta atención a algunas preguntas inquietantes que él coloca, a la manera de la diatriba estoica, en labios de su imaginario oponente.

(1) *Si algunos de los judíos son incrédulos, ¿anula la incredulidad de ellos la fidelidad de Dios? (v. 3).*

En el capítulo anterior Pablo había hablado de aquellos endurecidos e impenitentes judíos que estaban atesorando ira para sí mismos (2:5). Había descrito a los que proclamaban con fervor la ley a los gentiles pero la practicaban burdamente delante de ellos (2:21-24). Claramente estaban siendo infieles al pacto. Ahora entonces, la infidelidad de algunos judíos, ¿habría hecho nula la fidelidad de Dios? (Pablo usa la partícula negativa[16] que indica que él espera que la respuesta sea no.) En verdad, cualquier insinuación de infidelidad de parte de Dios llenaba a Pablo de repugnancia. Por ello exclama: "De ninguna manera." (Literalmente la expresión quiere decir "¡No sea así!", pero esto carece de fuerza exclamatoria. La NTV, "¡Por supuesto que no!"; BL, "¡Ni pensarlo!"; BJ, "De ningún modo".) Esta es la expresión que Pablo acostumbraba a usar en presencia de graves distorsiones de la verdad de Dios. (Véase Ro. 3:6; 6:2, 15; 7:7, 13; 9:14; 11:11; Gá. 2:17; 3:21).

"Sea Dios veraz, y todo hombre mentiroso", dice Pablo (3:4). Y apoya sus palabras con su cita de la última parte de Salmo 51:4. El punto de referencia a este gran salmo penitencial es la vindicación de Dios en el juicio. La VM considera el infinitivo en la última cláusula de la cita como pasivo: de allí la traducción "cuando fueres juzgado" (3:4). No obstante Bruce contiende por la voz media, en cuyo caso es Dios quien está juzgando a los hombres y no siendo juzgado por ellos.[17] En cualquier caso, el veredicto es de Dios.

(2) *Si nuestra injusticia hace resaltar la justicia de Dios, ¿será injusto Dios que da castigo? (v. 5).*

¡Qué concepto torcido del servicio divino representa esto! Aquí el objetor judío pretenderá que su injusticia sirve a Dios. Al perder toda causa en la corte celestial, argulle que su maldad provee la oportunidad para que Dios muestre su gran justicia. ¿No será injusto Dios, entonces, el castigar a alguien que le hace un favor tal?

Nuevamente Pablo reacciona con vigor ante la pregunta que él mismo ha planteado. Su uso de la partícula negativa (griego: *me*) anticipa un no. Con la aclaración "Hablo como hombre" pide disculpas por sujetar la justicia de Dios a la indignidad de semejante argumentación. Y repite la exclamación de repugnancia que usó en el versículo 4: "En ninguna manera; de otro modo, ¿cómo juzgaría Dios al mundo?" (3:6). El gobierno moral del universo estaría en juego ante una acusación tan absurda.

(3) *Si por mi mentira la verdad de Dios abundó para su gloria, ¿por qué aún soy juzgado como pecador?* (v. 7)

En el versículo 5 el contraste era entre la maldad del judío y la justicia de Dios. Aquí el contraste es entre la mentira del judío y la verdad de Dios. De otra manera el pensamiento es muy similar. En un caso, el judío sugería que su injusticia servía para mostrar la justicia de Dios con tal provecho que Dios sería injusto si le castigara por ella. En el otro, sugiere que su mentira hacía que la verdad de Dios abundara tanto para su gloria que le era difícil comprender por qué él era todavía considerado como pecador condenado. Ambos casos constituían un llamado evangelístico: "Hagamos males para que vengan bienes" (3:8). En verdad, algunos habían calumniado a Pablo acusándolo de que era esto lo que él predicaba. Pablo replica: "Cuya condenación es justa" (3:8).

Dios no necesita nuestra maldad como un *contraste* para su bondad. Quiere más bien nuestra bondad como un *reflejo* de su semejanza. Redunda para su gloria cuando se le permite crear su justicia en nosotros. Con seguridad aquellos que buscan excusar su injusticia argumentando que por medio de ella se logra la gloria de Dios son más malvados que aquellos que desafían abiertamente a Dios al abandonarse a la depravación (1:32).

IV. Conclusión: Todos los Hombres Están bajo el Poder del Pecado (3:9-20).

1. *No Hay Temor de Dios Delante de Sus Ojos (3:9-18)*

La traducción de Romanos 3:9 permanece incierta: "¿Qué, pues? ¿Somos nosotros mejores que ellos? En ninguna manera; pues ya hemos acusado a judíos y a gentiles, que todos están bajo pecado." El problema reside en el significado del verbo (griego: *proechometha*) traducido: "¿Somos nosotros mejores?"[18] Esta traducción entiende el verbo como en la voz media. La forma pasiva es la misma como la media, pero significa: "¿Somos superados?" (BJ, "¿llevamos ventaja?"; véase BJ, nota al pie, "¿somos inferiores a los gentiles?"). Así es que no podemos estar seguros si Pablo inquiere sobre una supuesta ventaja o desventaja de los judíos, aunque lo primero parece más probable.

No obstante, no hay incertidumbre con respecto a la acusación anterior de que todos los hombres, tanto gentiles (1:18-32) como judíos (2:1-29) están bajo el poder del pecado. En apoyo de su acusación Pablo hace una lista de varios pasajes del Antiguo Testamento, muy a la manera rabínica (3:10-18). Sus selecciones son tomadas de Salmo 14:1-3 (Ro. 3:10-12); Salmo 5:9; 140:3 (Ro. 3:13); Salmo 10:7 (Ro. 3:14); Is. 59:7, 8 (Ro. 3:15-17); y Salmo 36:1 (Ro. 3:18). Juntas llevan a la condenación final del versículo 18: "No hay temor de Dios delante de sus ojos." Este versículo declara la causa que explica todos los efectos desastrosos que estaban a la vista en el mundo de Pablo. Porque los hombres no temieron a Dios, no conocieron el camino de paz (v. 17); quebranto y desventura hay en sus caminos (v. 16); sus pies se apresuran para derramar sangre (v. 15); sus bocas están llenas de maldición y amargura (v. 14); sus gargantas eran sepulcro abierto; sus lenguas engañaban; y veneno de áspides había debajo de sus labios (v. 13); todos se desviaron (v. 12); carecían de entendimiento y no buscaban a Dios (v. 11); y no había ningún justo (v. 10).

Los problemas siempre están culpando a causas secundarias de sus problemas primarios. Esta es la razón por qué sus soluciones nunca llegan a la fuente de sus problemas. La Palabra de Dios enseña que la fuente básica del mal en el mundo es la rebelión del hombre contra Dios. El ha dominado su temor de Dios, y este es un temor que cuando se lo domina es la muerte del alma. Garantiza toda miseria humana. Asegura que los hombres están atormentados por millares de temores inferiores. El temor de Dios no es el de un esclavo estremeciéndose ante un amo iracundo. Está más bien fundamentado en la percepción del gran amor de Dios hacia nosotros. Pone una tensión creativa en el centro de la vida y nos eleva hacia Dios.

2. *Todo el Mundo es Responsable Ante Dios (3:19, 20)*

Al finalizar su acusación a todos los hombres, Pablo escribe: "Pero sabemos que todo lo que la ley dice, lo dice a los que están bajo la ley, para que toda boca se cierre y todo el mundo quede bajo el juicio de Dios" (3:19). Los que están bajo la ley son los judíos. Pablo dirige a ellos su atención para que comprendan que ellos, tanto como los gentiles, eran responsables ante Dios. Ambos estaban sin excusa delante de Dios (1:20; 2:1).

Citando con alguna libertad Salmo 143:2, Pablo agrega: "Por las obras de la ley ningún ser humano será justificado delante de él; porque por medio de la ley es el conocimiento del pecado" (3:20). Hubo un tiempo en que Pablo creyó que la justicia se alcanzaba guardando la ley (véase Fil. 3:6, 9). Pero entonces aprendió que la ley no permitía una relación correcta con Dios. No obstante llevó a cabo la función provechosa de crear conciencia de pecado. Este importante concepto se tratará más extensamente en Romanos 7:7-25.

V. Resumen

Podemos echar una mirada retrospectiva a toda la sección Romanos 1:18—3:20, como para hacer un resumen, y observar lo siguiente:

1. Dios se reveló a los gentiles por medio de la naturaleza (1:19, 20) y la conciencia (2:14, 15). Se reveló a los judíos por medio de la ley (2:12, 17, 18, 20). De ese modo la revelación de Dios estableció la base de la responsabilidad de ellos delante de él.

2. Tanto los gentiles como los judíos se rebelaron contra Dios. Los primeros a gritos y desvergonzadamente (1:29-32). Los últimos mantuvieron un corazón duro e impenitente (2:5) en tanto que profesaban gozar de una relación correcta con él (2:17-24).

3. Dios juzga a todos los hombres con imparcialidad (2:6-11). El reveló su ira sobre los gentiles al abandonarles a las consecuencias de sus pecados (1:24-32). Y su juicio pendía sobre los judíos desobedientes, quienes estaban atesorando ira para sí mismos para el juicio final (2:5).

4. En ninguna parte de esta discusión Pablo atribuye la culpa de los hombres al pecado de Adán. Ni la culpa ni la salvación pueden heredarse. Tampoco dijo Pablo que los gentiles eran culpables de haber transgredido la ley de Moisés o rechazado el evangelio de Cristo. No podían ser culpables de rechazar una luz que nunca habían tenido.

5. Todos los hombres son culpables ante Dios, porque todos los hombres han pecado contra Dios. Este es el corazón de la enseñanza de Pablo sobre el pecado. Y porque todos los hombres están bajo el poder del pecado necesitan la liberación de Dios. Esta acusación constituye el fondo para la maravillosa declaración de Pablo sobre la gracia de Dios en Romanos 3:21 a 8:39.

VI. Verdad para Hoy

1. *El extravío de los religiosos sigue siendo más difícil de reconocer que el extravío de los réprobos.*

Los últimos tienen la ventaja de que una abierta rebelión contra Dios se hace muy palpable. Injuria a Dios y a su pueblo desde afuera más bien que adoptar una actitud desde dentro de la casa. Porque lo primero es más difícil de distinguir, los obstáculos para su arrepentimiento son más formidables. ¿Cómo ha de arrepentirse uno de aquello que ofrece a Dios como un servicio? El endurecimiento del corazón que se verifica cerca del altar es más difícil de ser penetrado por la gracia de Dios que aquel que se verifica en la oficina del estafador o en los recintos de un prostíbulo. ¿Le parece exagerada a usted esta declaración? Entonces lea una vez más las palabras de Jesús a los dirigentes judíos religiosos en Mateo 21:31: "De cierto os digo, que los publicanos y las rameras van delante de vosotros al reino de Dios."

2. *Hay una tendencia humana a condenar abiertamente en otros lo que toleramos secretamente en nosotros.*

Esto se evidenció hace algún tiempo cuando el liderazgo nacional de un país muy destacado fue derribado por un serio quebrantamiento de la integridad en funciones elevadas. Se expresó mucha indignación. Algo de eso lo hicieron quienes no tienen conciencia cuando engañan en sus declaraciones de réditos, cuentas de gastos, transacciones comerciales, exámenes secundarios o universitarios, o a sus esposas. ¿No son a veces los padres menos tolerantes con aquellos pecados en las vidas de sus hijos que son precisamente los pecados con que ellos mismos tienen las mayores dificultades?

3. *Los formalismos religiosos a menudo se transforman en sustitutos de una relación vital con Dios.*

Mucho después de que sus corazones se han alejado de Dios ciertas personas todavía se afanarán en actividades externas en el lugar de cultos (véase Am. 4:4, 5; Is. 1:10-17; Mi. 6:6-8). La circuncisión se torna incircuncisión cuando se descuida la realidad de la que es un símbolo. Y el bautismo se torna no-bautismo cuando se ignora la realidad que representa.

4. *La posesión de la revelación de Dios en la Biblia proporciona una gran ventaja.*

Por medio de su incomparable mensaje el Espíritu de Dios

puede revelar nuestras más profundas necesidades. Estudiando sus páginas muchos de nosotros hemos sido persuadidos de nuestra pecaminosidad. Es necesario el reconocimiento de nuestra necesidad del perdón de Dios para que estemos deseosos de buscarlo y recibirlo.

Notas del Capítulo 3

[1] Barrett piensa que Pablo no trata específicamente el problema de los judíos hasta Romanos 2:17. En Romanos 2:1-16 estaba tratando a la vez con gentiles y judíos quienes se le unían en condenar la perversidad moral. (*op. cit.*, páginas 42, 43). De igual modo, Vincent Taylor, *The Epistle to the Romans,* Epworth Preacher's Commentaries (London: The Epworth Press, 1955), p. 26.

"En toda esta subsección Pablo parece estar pensando de malhechores en general, tanto gentiles como judíos."

[2] *The Apocrypha of the Old Testament,* ed. Bruce M. Metzger (New York: Oxford University Press, 1965), p. 117.

[3] Citado por Barclay, *op. cit.*, p. 35.

[4] La palabra traducida "rebeldes" en la BL y "contenciosos" en la RVR60 es *eritheia,* que quiere decir "egoísmo" o "ambición egoísta". Describe la búsqueda interesada, o el espíritu tolerante del mercenario. La BA (véase nota 5) es mejor: "los que son ambiciosos egoístas".

[5] De *La Biblia de Las Américas,* La Habra, California: Foundation Press Publications, 1973. Cuando se mencionan citas de esta versión están indicadas por la abreviatura BA.

[6] Barrett, *op. cit.*, p. 49.

[7] Bornkamm, *Paul,* p. 123.

[8] El versículo 16 parece algo tosco luego del versículo 15. También pareciera implicar que la conciencia de los gentiles llevará a cabo su función acusadora y excusadora solamente en el juicio final. Dodd buscó aliviar la dificultad uniendo el versículo 16 con el 13. El consideraba los versículos 14 y 15 como un paréntesis. Pablo lo insertó en un mensaje previamente preparado para judíos, para beneficio de sus lectores gentiles (*op. cit.*, p. 35).

[9] De la *Biblia de Jerusalén,* publicada en Bruxelles: Desclée de Brouwer, 1967. Todas las citas que siguen de esta versión están indicadas por la abreviatura BJ.

[10] Que a Pablo le gustaba también punzar el orgullo de los gentiles convertidos se evidencia en 1 Co. 4:8-13.

[11] El texto hebreo de Isaías 52:5 dice: "Y de continuo todo el día mi nombre es despreciado." La Septuaginta dice: "Por vuestra causa mi nombre es blasfemado continuamente entre los gentiles" (traducción del autor). Evidentemente Pablo pensaba en lo último.

[12] *Apocrypha,* p. 222.

[13] El uso de la partícula negativa *ouk* indica que Pablo esperaba la respuesta sí.

[14] Barclay, *op. cit.*, p. 48.

[15] Barrett, *op. cit.*, p. 62.

[16] La partícula negativa utilizada es *me*. La partícula negativa *ou* requiere la respuesta sí.

[17] F. F. Bruce, *The Epistle of Paul to the Romans*, Tyndale New Testament Commentaries (Grand Rapids: Wm. B. Eerdmans Publishing Company, 1971), p. 96.

Actividades para el Aprendizaje Personal

Marque las respuestas

1. Pablo escribió que el pecado de los judíos consistía en que (elija la frase que mejor expresa la conclusión correcta):
   — (1) Rehusaron compartir con los gentiles la revelación de Dios en la ley.
   — (2) Eran culpables de prejuicio racial.
   — (3) Cometían los pecados que condenaban en los gentiles.
2. En la lista que sigue usted encontrará las ventajas de la ley para los judíos, según Pablo. También hay en la lista ventajas potenciales. Identifique cada declaración como ventaja potencial (P) o ventaja real (R).
   — (1) El judío era una parte de la tradición histórica en que fue dada la ley.
   — (2) El judío escuchaba la lectura de la ley cada sábado en la sinagoga.
   — (3) Por medio de la obediencia a la ley el judío podía ser justo ante Dios.
   — (4) Al judío le fue confiada una revelación superior a la dada a los gentiles.
3. Pablo acusó a los judíos de *1, 3, 6* (encierre en un círculo el número correcto) actos que sostenían su culpabilidad.
4. ¿Verdadero o Falso? Pablo sostenía en Romanos 1:25-29 que la base sobre la cual Dios recibe a una persona es la condición espiritual interna, y no los símbolos religiosos externos. ______
5. ¿Verdadero o Falso? Pablo sostenía que todos los hombres —tanto judíos como gentiles— eran culpables de pecado porque Adán había pecado.______

Respuestas:

1. (3); 2.(1) P, (2) P, (3) R, (4) P; 3. (6); 4. Verdadero; 5. Falso

Capítulo 4

El Corazón del Evangelio

Romanos 3:21—4:25

En Romanos 1:16, 17 Pablo presentó el tema de su carta, es decir, la revelación de la justicia de Dios. No hay tema más grande, ya que nuestra mayor necesidad es la reconciliación con Dios. El evangelio señala el camino. Es poder de Dios para salvación a todo aquel que cree. Cuando los hombres responden con fe a la predicación del evangelio, Dios les reconcilia consigo. El los libra del poder esclavizante del pecado. Les da libertad para que sean su pueblo en el mundo. Esta es la revelación de la justicia de Dios: su liberación de los hombres pecadores por medio de la predicación del evangelio.

Pero Pablo no desarrolló este tema inmediatamente después de presentarlo. Más bien describió la revelación de la ira de Dios por medio de su juicio sobre los pecadores (1:18—3:20). Estas dos revelaciones son paralelas y continuas. Es decir, la justicia de Dios está siendo revelada siempre por medio de la predicación del evangelio que libera a los hombres (1:17). También la ira de Dios está siempre siendo revelada por medio de su abandono de los hombres a las consecuencias de sus elecciones pecaminosas (1:18). De este modo en Romanos 1:18—3:20 Pablo proporcionó la más completa discusión que se encuentra en todas sus cartas acerca de la pecaminosidad humana. La culminación se alcanzó en Romanos 3:9, donde acusó a todos los hombres de estar bajo el poder del pecado. Ciertamente el mundo entero era responsable ante Dios (3:19). Tanto los judíos como los gentiles estaban sin excusa (1:20; 2:1).

Romanos 3:21 comienza con "Pero ahora", y podemos estar

agradecidos por estas dos palabras. Ellas señalan un punto decisivo en la discusión de Pablo. Habiendo expuesto la pecaminosidad de los hombres en Romanos 1:18 a 3:20, Pablo ahora torna a declarar la gracia de Dios en Romanos 3:21 a 8:39. Así como el pasaje anterior presentaba la servidumbre del hombre *al* pecado, el último proclamaba su liberación *del* pecado. De modo que en este punto Pablo regresa al tema de su carta que había presentado en Romanos 1:16, 17.

Los próximos tres capítulos de este libro están dedicados al estudio de Romanos 3:21—8:39. En ningún otro lugar del Nuevo Testamento se encuentra una presentación mejor del evangelio de la gracia de Dios.

En el presente capítulo la atención se dirige primeramente a Romanos 3:21-31. Aquí Pablo presenta el corazón del evangelio tal como lo ha experimentado y proclamado. Luego iremos a Romanos 4:1-25, un pasaje que destaca los tratos de Dios con Abraham. Pablo lo presenta como el ejemplo principal que hay en el Antiguo Testamento de la justificación por la fe.

I. La Manera en que Dios nos Reconcilia Consigo (3:21-31).

1. *Aparte de la Ley (3:21)*

Como un devoto fariseo, Pablo había creído que podía reconciliarse con Dios guardando la ley. Así, él había sido extremadamente celoso de las tradiciones de los padres (Gá. 1:14). Y sostenía que era irreprensible en cuanto a la justicia que era en la ley (Fil. 3:6). Sin embargo, su encuentro con el Cristo resucitado en el camino a Damasco había cambiado todo esto radicalmente. Ya no dependía de su obediencia a la ley como base para ser aceptado por Dios. Más bien, aquellas cosas de su herencia y jactancia judías que le habían sido "ganancia", ahora las estimaba como "pérdida" (Fil. 3:7). Gozosamente las perdió por amor a Cristo. De modo que declaró: "Y ciertamente, aun estimo todas las cosas como pérdida por la excelencia del conocimiento de Cristo Jesús, mi Señor, por amor del cual lo he perdido todo, y lo tengo por basura, para ganar a Cristo, y ser hallado en él, no teniendo mi propia justicia, que es por la ley, sino la que es por la fe de Cristo, la justicia que es de Dios por la fe" (Fil. 3:8, 9).

Nuevamente, en Romanos 10:3-5 Pablo hace una distinción entre la justicia que viene de Dios como un don, y la que los hombres logran por obras. La primera se recibe por medio de la fe en Jesucristo (justificación por la fe), y la última se basa en guardar la ley (justificación por obras). Aunque los judíos tenían celo de Dios, no era un celo inteligente. Pablo acusa: "Ignorando la justicia de Dios, y procurando establecer la suya propia, no se han sujetado a la justicia de Dios; porque el fin de la ley es Cristo, para justicia a todo aquel que cree." Hay una vasta diferencia entre la justicia basada en la ley y la justicia basada en la fe (Ro. 10:5, 6).

Cuando Dios nos confronta en el evangelio de Jesucristo, no establece una nueva ley que debemos guardar. No somos invitados a lograr la reconciliación con él por medio de la obediencia a código religioso alguno. Pablo escribe: "Pero ahora, *aparte de la ley*, se ha manifestado la justicia de Dios" (3:21).[1] El evangelio no es legalista.

Cuando los judaizantes en Galacia predicaron un evangelio que exigía la circuncisión, Pablo los condenó por predicar un evangelio extraño (Gá. 1:6, 7). No era tan sólo otra versión del mismo evangelio de la gracia, sino un evangelio completamente diferente.[2] Aun una parte de la ley mezclada con nueve partes de gracia producen un evangelio adulterado. Tomás Chalmers en su famoso sermón "El Poder Expulsivo de Un Nuevo Amor" dice: "Conserve un solo átomo o fragmento de legalidad con el evangelio, y entonces suscita un tema de desconfianza entre el hombre y Dios. Entonces se resta al evangelio el poder de fundir y reconciliar. Por ello, mientras más libre, mejor."[3]

2. *Confirmada por la Ley y por los Profetas (3:21)*

En Romanos 1:2 Pablo indicó que Dios había prometido el evangelio "antes por sus profetas en las santas Escrituras". Aquí amplía la declaración para incluir la ley tanto como los profetas. Por medio de ambos Dios había dado testimonio de su acción salvadora en Jesucristo. El evangelio no era una innovación. De ese modo Pablo compartía con otros cristianos primitivos la convicción de que el Antiguo Testamento señalaba la venida de Jesucristo. Por ejemplo, 1 Pedro 1:10, 11 dice: "Los profetas que profetizaron de la gracia destinada a vosotros, inquirieron y diligentemente indagaron acerca de esta salvación, escudriñando qué persona y qué tiempo indicaba el Espíritu de Cristo que estaba en ellos, el cual anunciaba de antemano los sufrimientos de Cristo, y las glorias que vendrían tras ellos." (Véase también Lucas 24:44-47). Aunque la revelación de la justicia de Dios en el evangelio era "aparte de la ley", estaba ampliamente atestiguada tanto por la ley como por los profetas. Las grandes promesas del Antiguo Testamento tienen su cumplimiento en el Nuevo.

3. *Experimentada Por Medio de la Fe en Jesucristo (3:22-25)*

Pablo afirma que Dios reconcilia a los hombres con él por medio de la fe en Jesucristo (3:22). Todos los hombres necesitan creer en él, "por cuanto todos pecaron, y están destituidos de la gloria de Dios" (3:23). Esta última cláusula es el veredicto a que Pablo llegó con respecto a los gentiles (1:18-32) y a los judíos (2:1—3:20) y que aquí reitera.

Los eruditos difieren en su interpretación de esta referencia a la gloria de Dios. ¿Qué quiere decir Pablo con ella? Algunos la relacionan con la experiencia de Adán en el Edén. Así, Ernest Best comenta: "Los judíos creían que Adán poseía el *esplendor divino* en el huerto del Edén, pero lo perdió cuando pecó, y que cuando Dios hiciera un mundo nuevo al final de las edades entonces el hombre recuperaría ese *esplendor divino.* Pablo cree que el hombre recupera el *esplendor divino* cuando es *justificado.*"[4] No obstante Dale Moody piensa que no es probable que Pablo esté refiriéndose a la idea rabínica de la gloria perdida por Adán. Pablo habla de la gloria de Dios como una meta futura que el hombre en su pecado no ha alcanzado aún. (2:10; 5:2; 6:4; 8:18; 1 Co. 11:7; 15:43; 2 Co. 3:18). Y, concluye Moody, "Nunca se dice en la Biblia que se haya perdido la imagen de Dios otorgada en la creación, y la gloria de Dios que es la futura imagen de Dios en la redención aún no ha sido alcanzada por el hombre pecador."[5] Dodd tampoco relacionaba la gloria de Dios con Adán en el pasado ni con una meta no alcanzada en el futuro. Para él significa la semejanza divina que Dios quiere que el hombre lleve ahora. En el grado en que el hombre carezca de la gloria de Dios, es pecador.[6]

Los versículos 24 y 25 son decisivos para nuestro entendimiento de la enseñanza de Pablo con respecto a la muerte de Jesucristo en la cruz. Lamentablemente estos versículos son difíciles de traducir. Además abundan en el uso de metáforas cuyos significados escapan a quienes no las estudien cuidadosamente. Pablo escribe que ellos son "justificados por su gracia como un don, por la redención que es en Cristo Jesús, a quien Dios puso como una expiación por su sangre, para ser recibida por fe." (3:24, 25). (Nota del traductor: En razón del fino análisis que ha de seguir, estimamos apropiado transcribir de la VRS que usa el autor, y no de la versión en castellano que hemos estado usando consistentemente.)

En estos versículos trata Pablo de describir lo que Dios ha hecho por los hombres pecadores por medio de Jesucristo su Hijo. Para lograrlo usa tres metáforas o ilustraciones. Cada una proporciona un reflejo útil del significado de la cruz. Ninguna de ellas puede decirlo todo. Esto es siempre así cuando la verdad que ha de describirse excede la capacidad de representación de las analogías terrenales.

Es menester evitar dos errores comunes. Primeramente, no debemos aislar una metáfora favorita y tratar luego de erigir sobre ella todo un sistema teológico. Cada metáfora, no importa cuán bien elegida sea, se derrumba cuando se la empuja más allá de cierta medida. Además no todas las metáforas tienen la misma capacidad para comunicar el significado de la cruz. Una que habla con claridad a una época o cultura particular puede ser oscura para otra. En segundo lugar, no debemos suponer que estas metáforas designan etapas de un proceso que se experimenta en un cierto orden. En realidad son simplemente distintas maneras de describir la misma realidad.

Con estas palabras de advertencia, podemos examinar ahora más de cerca las tres metáforas que Pablo usa en los versículos 24 y 25.

(1) *La metáfora legal.* La palabra importante aquí (griego: *dikaioumenoi*) es el participio presente pasivo traducido "ellos son justificados". La forma activa del verbo (griego: *dikaioo*) significa "justificar", "declarar justo", "hacer recto", o "absolver". Es un término legal o forense.

El cuadro aquí presenta al pecador como culpable ante el tribunal de un juez justo. El está aguardando la terrible sentencia que merece por sus pecados. Sin embargo, por lo que Cristo ha llevado a cabo en la cruz, el culpable oye el veredicto: "¡Absuelto!"

Ha habido mucho debate históricamente entre las así llamadas teorías forense y vital de la justificación. La primera hace hincapié en la paradoja y afirma: "¡Dios absuelve al culpable!" La segunda insiste en que Dios no puede así no más declarar que un hombre culpable es inocente. En lugar de ello Dios crea su justicia en aquel a quien absuelve. Le hace recto. De este modo escribe Bornkamm: "Dios a la vez declara y lleva a cabo esta justificación del pecador. Su palabra ejecuta su pronunciamiento. No hay lugar aquí para una ficción legal, un 'como si' "[7]

(2) *La metáfora de la esclavitud.* La palabra importante aquí es el sustantivo traducido "redención" (griego: *apolutrosis*). La palabra se usaba en el mundo antiguo para describir la liberación de esclavos o prisioneros de guerra. Ello a menudo conllevaba el pago de una suma de dinero o un rescate.

El término tiene también abundantes antecedentes en el Antiguo Testamento. Se usaba para describir la liberación divina de Israel de la esclavitud de Egipto. ¿Por qué hizo Dios esto? Deuteronomio 7:8 lo explica: "por cuanto Jehová os amó, y quiso guardar el juramento que juró a vuestros padres, os ha sacado Jehová con mano poderosa, y os ha *rescatado* de servidumbre, de la mano de Faraón rey de Egipto." Más tarde, durante el exilio babilónico, el profeta asegurará al pueblo que "los *redimidos* de Jehová" volverán cantando a Sion (Is. 51:11).

Apliquemos ahora esta metáfora de la esclavitud al significado de la cruz. El hombre pecador es descripto aquí como un hombre esclavizado. Dios es el benefactor que le redime de la servidumbre. Dios lo hace por medio de la muerte de Jesucristo su Hijo en un acto redentor. Por la fe en él, los hombres esclavos son hechos libres.

Los que especulan en cuanto a quién recibió el pago del rescate, abusan de la metáfora.

(3) *La metáfora del sacrificio ritual.* La palabra importante aquí (griego: *hilasterion*) es el sustantivo (o el adjetivo) traducido "expiación". Esta forma aparece sólo dos veces en el Nuevo Testamento: Ro. 3:25 y He. 9:5. Por esto no podemos saber más de su significado aquí mediante el estudio de varios pasajes. El problema se aumenta para el lector en español debido al uso en la traducción de palabras no generalmente entendidas. Esto se hará obvio al tomar nota de las siguientes interpretaciones:

i. Algunos traducen la palabra clave "propiciación" (RVR60, BJ). Esta no es una palabra usada en la conversación corriente. Si hasta si se hubiese dejado sin traducir el vocablo griego utilizado, no por ello la mayoría de los lectores sabrían menos acerca de su significado. Un viejo profesor acostumbraba a referirse a tales traducciones oscuras como "lenguaje bíblico". Se hace necesaria una mayor explicación.

Entre los escritores paganos del mundo antiguo la palabra generalmente significaba "apaciguar" o "aplacar". Cuando se aplicaba a un dios, llevaba la idea del apaciguamiento mediante una ofrenda de una deidad enojada. Se hacía algún sacrificio para apartar la ira de un dios ofendido o vengativo.

Concebida de este modo, la muerte de Cristo en la cruz fue un acto de sacrificio que alejó de los pecadores la ira de Dios. Al poner su fe en Cristo los hombres escaparon de la ira de Dios. Así, John Murray dice: "La propiciación contempla nuestra exposición a la ira de Dios, y es la provisión de gracia por la cual podemos librarnos de esa ira."[8]

A no ser que uno sea cuidadoso al presentar este concepto podrá dar la impresión de que existe una división entre el Padre y el Hijo. Dios se presentará como el Padre enojado cuya ira contra los hombres pecadores es aplacada por la muerte voluntaria de su Hijo. Tal vez fue una predicación de este tipo la que hizo que una niñita dijera: "¡Yo amo a Jesús, pero no me gusta Dios!" Pero el Nuevo Testamento nunca coloca a Dios el Padre y a su Hijo enfrentados de esta manera. En cambio Pablo escribe en 2 Corintios 5:19: "Dios estaba en Cristo reconciliando consigo al mundo, no tomándoles en cuenta a los hombres sus pecados, y nos encargó a nosotros la palabra de la reconciliación."

ii. Otras versiones traducen esta palabra griega "expiación". (VM, "sacrificio expiatorio"; La Biblia de Bover-Cantera, "monumento expiatorio"[9].) ¿Cuán superior es "expiación" sobre "propiciación" como traducción? Para el lector común de la Biblia, poco o nada. Pero para el estudiante cuidadoso la diferencia es significativa. "Propiciación" significa la ejecución de un acto de sacrificio para aplacar a un Dios enojado. La ira de Dios es desviada o aplacada. "Expiación", en cambio, significa la ejecución de un acto de sacrificio para anular la culpa de un hombre pecador. La culpa o contaminación del hombre es perdonada o quitada. Dodd sostiene que el último sentido predomina en la Septuaginta, y entonces concluye: "El uso bíblico es determinante para Pablo. La traducción propiciación deja una impresión errónea, porque sugiere el aplacamiento de un Dios enojado, y aun cuando esto estuviera de acuerdo con el uso pagano, es extraño al uso bíblico. En el pasaje presente es Dios quien al enviar a Cristo presenta el medio por el cual es quitada la culpa del pecado. El enviar a Cristo es por lo tanto el método divino de perdón."[10]

iii. La palabra griega utilizada ha sido traducida también como "propiciatorio". Para comprender este concepto es necesario leer acerca de la observancia del Día de la Expiación en Levítico 16:1-34. En esta ocasión anual el sumo sacerdote hacía expiación por sus propios pecados y por los de todo Israel. El llevaba la sangre del sacrificio animal prescripto al lugar santísimo del tabernáculo. Allí la rociaba sobre la tapa o cubierta del arca del pacto, que se conocía como el propiciatorio. (Esta es la misma palabra en griego que se traduce "expiación" o "propiciación".) Al hacer eso, el sumo sacerdote estaba cubriendo los pecados del pueblo. Era el acto de sacrificio por medio del cual sus pecados eran perdonados.

Ninguna de las traducciones corrientes traduce en Romanos 3:25 la palabra griega como "propiciatorio". No obstante este es el significado inconfundible en Hebreos 9:5, el único otro lugar donde aparece la palabra en el Nuevo Testamento. Además, varios eruditos piensan que este es el sentido en que Pablo lo usó aquí en Romanos. (Barth, Nygren, y Moody están a favor de este significado; mientras que Barrett, Bruce y Hunter lo piensan como una posibilidad.) Si esto es así, Jesucristo es el "propiciatorio" puesto evidentemente por Dios para la expiación de los pecados de los hombres. En su muerte en la cruz él ha llegado a ser para el mundo lo que el propiciatorio era para el antiguo Israel. Por medio de él Dios revela su misericordia hacia todos los hombres.

Puede ahora intentarse un resumen con respecto al uso de estas tres metáforas por parte de Pablo. ¿Qué es lo que Dios ha hecho en favor de los pecadores por medio de la muerte de Jesucristo en la cruz? Por la metáfora legal vemos a un hombre condenado que escucha el veredicto de absolución. Por la metáfora del esclavo vemos a un hombre esclavizado redimido de su servidumbre y puesto en libertad. Por la metáfora del sacrificio ritual vemos a un hombre culpable del cual ha sido desviada la ira de Dios (propiciación). O vemos a un hombre cuya culpa ha sido quitada y sus pecados perdonados (expiación). O vemos a un hombre culpable que encuentra en Jesucristo el propiciatorio de Dios, el lugar y medios de expiación por el pecado. Del modo que se conciba, todo proviene de la gracia de Dios. Y lo que Dios ha efectuado, por medio de la muerte de su Hijo en la cruz puede ser experimentado por los hombres por medio de la fe.

4. *Muestra la Justicia de Dios (3:25, 26)*

Los últimos versículos ponían de relieve la iniciativa de Dios al buscar librar a los hombres del poder del pecado. Porque él quiso hacerlo, puso a Jesucristo en favor nuestro. También los versículos anteriores resaltaban el carácter de sacrificio en la muerte de Cristo en la cruz. Sea que la traducción apropiada es "propiciación", "expiación" o "propiciatorio", la muerte de Cristo se presentaba como un acto de sacrificio. Fue ciertamente para proveer liberación para los pecadores. Además los versículos hacían hincapié en la fe como el medio por el cual los hombres recibían los beneficios de la gracia de Dios. Lo que Dios ha hecho por los pecadores por medio de Jesucristo llega a ser una experiencia por la fe.

Ahora debemos preguntar por qué fue necesaria la muerte de Cristo para la manifestación de la justicia de Dios. Pablo explica: "Para manifestar su justicia, a causa de haber pasado por alto, en su paciencia, los pecados pasados." (3:25). Dos pasajes en Hechos arrojan luz sobre lo que Pablo quiere decir en la última parte de este versículo. Cuando trataba de disuadir a los paganos de Listra de ofrecer sacrificios, Pablo y Bernabé les dijeron: "En las edades pasadas él ha dejado a todas las gentes andar en sus propios caminos." (Hechos 14:16). Y cuando hablaba a los sabios de Atenas, Pablo dijo: "Dios, habiendo pasado por alto los tiempos de esta ignorancia, ahora manda a todos los hombres en todo lugar, que se arrepientan" (Hechos 17:30).

Esto no quiere decir que Dios omitió juzgar los pecados de los hombres en el mundo antiguo. Ciertamente Romanos 1:18 describe la continua revelación de la ira de Dios contra toda impiedad e injusticia. Más bien mira hacia los tiempos pasados en que los hombres no recibieron toda la medida del juicio por sus pecados. ¿Por qué retuvo Dios la plena expresión de su ira? Pablo lo atribuyó a la longanimidad de Dios. Esta fue la misma cualidad divina que mencionó en Romanos 2:4. Juntamente con la benignidad y paciencia de Dios tenía el propósito de guiar a los hombres al arrepentimiento.

No obstante, cuando Dios pasó por alto los pecados de los impíos, su propia justicia quedó cuestionada. ¿Puede ser justo Dios y no propinar a los impíos el juicio que merecen? Esta renuencia a castigar, ¿indica indiferencia hacia el pecado? La respuesta de Pablo señala a los hombres la cruz de Jesucristo. Nadie puede colocarse al pie de la cruz donde Jesús murió y acusar a Dios de indiferencia hacia el pecado. Dios aborrece el pecado y lo juzga. Pero su juicio cae sobre Jesucristo, su Hijo, quien murió por nosotros.

¡Cuán trágico resulta cuando los hombres interpretan la longanimidad o la misericordia de Dios como su indiferencia a los pecados de ellos! (Véase Ec. 8:11).

Queda una pregunta más: ¿Cuál fue el propósito de Dios en la manifestación de su justicia por medio de la muerte de Cristo en la cruz? Pablo prosigue: "Con la mira de manifestar en este tiempo su justicia, a fin de que él sea el justo, y el que justifica al que es de la fe de Jesús" (3:26).

Para Dios, el haber sido justo solamente, hubiese sido relativamente sencillo. Todo lo que se requería era la rápida ejecución de su juicio sobre los pecadores. Pero Dios no se complace en la justicia desnuda y sin atenuantes. No sólo quiere mostrarse justo sino que además busca justificar al pecador. Esto complica mucho el asunto. Sólo los recursos infinitos de la gracia de Dios podrían lograr tan gran propósito. Y él lo hace por medio de la cruz de Jesucristo. James S. Stewart dice: "El que Dios haya tomado el triunfo más terrible de la iniquidad, desnuda y sin mitigación, y hacer precisamente de *eso* el vehículo para la revelación suprema de sí mismo —¡he aquí ciertamente una maravilla que desafía descripción: he aquí la suprema esperanza de nuestro mundo atormentado por el pecado!"[12]

En presencia de la cruz de Cristo yo estoy con mi cabeza inclinada y un corazón lleno de gratitud. Podemos convocar a todas las metáforas y encomendarles la tarea de contar la historia. Y no importa cuán bien lo hagan, la mayor parte de la maravilla de la gracia de Dios permanecerá sin ser narrada. Agradezcamos a Dios que por su gracia podemos conocer experimentalmente un poder cuyo significado pleno no podemos comprender. Pero esto sabemos: Por lo que Cristo hizo en la cruz podemos tener el perdón de nuestros pecados. Podemos tener una relación correcta con Dios. En 1 Pedro 2:24 leemos: "Quien llevó él mismo nuestros pecados en su cuerpo sobre el madero, para que nosotros, estando muertos a los pecados, vivamos a la justicia; y por cuya herida fuisteis sanados."

5. Excluye la Jactancia (3:27, 28)

¿Qué implicaciones tiene para nosotros la justificación por la fe, en cuanto a nuestra actitud básica hacia Dios y hacia nosotros mismos? Es innecesario decirlo, debe haber una diferencia. Los que imaginan que se han reconciliado con Dios por el guardar de la ley tienden a ser jactanciosos. Pero cuando se entiende correctamente la gracia de Dios la jactancia perece prontamente. Pablo dice: "Queda excluida" (3:27). No que el legalista religioso se glorie y el hijo de la gracia de Dios no lo haga. Se glorían los dos. Pero en tanto que el legalista se gloría en sí mismo, el cristiano se gloría en el Señor. Pablo amonesta a los Corintios: "El que se gloría, gloríese en el Señor" (1 Co. 1:31).

6. *Afirma que Dios es el Dios de Todos los Hombres (3:29, 30)*

Otra importante implicación de la justificación por la fe es que afirma la universalidad de Dios. Es decir, siendo que Dios es uno, él es el Dios de todos los hombres, tanto gentiles como judíos. Los judíos devotos expresaban esta creencia cada vez que recitaban su tradicional confesión de fe (el Sema): "Oye, Israel: Jehová nuestro Dios, Jehová uno es. Y amarás a Jehová tu Dios de todo tu corazón, y de toda tu alma, y con todas tus fuerzas" (Dt. 6:4).

Además, el Dios único tiene sólo un modo de reconciliar a los hombres consigo: "Justificará por la fe a los de la circuncisión, y por medio de la fe a los de la incircuncisión" (3:30).

7. *Confirma la Ley (3:31)*

¿Destruye la ley la justificación por la fe? Indudablemente algunos de los oyentes judíos de Pablo llegaban a la conclusión de que lo hacía y objetaban por ello su predicación. Pablo siente aversión ante una acusación así y contesta: "En ninguna manera, sino que confirmamos la ley" (3:31) (véase también Ro. 3:4, 6).

¿De qué manera la predicación de la justificación por la fe confirma la ley? ¿Cómo coloca a la ley en su adecuada perspectiva? Ciertamente, destruye la esperanza de aquellos que dependían de una justicia basada en la ley. Pero nunca Dios había tenido la intención de que la ley fuese un medio por el cual los hombres se reconciliasen con él. Esto estaba más allá del alcance de la ley. (Véase Gá. 3:21). Su función era más modesta, como Pablo indica en Romanos 3:20, "Por las obras de la ley ningún ser humano será justificado delante de él; porque por medio de la ley es el conocimiento del pecado." (Véase 4:15; 5:13; 7:7-25; y especialmente Gá. 3:19—4:7).

Para salvar a la ley de una perversión dañosa hay que refutar a los que le atribuyen una función falsa. Después es posible presentar la verdadera función de la ley como un instrumento por cuyo medio Dios revela a los hombres su pecaminosidad. En este sentido la predicación de la justificación por la fe confirma la ley. Indica el papel asignado por Dios a la ley en su plan de redención.

T. W. Manson llega a la conclusión de que: "Insistir sobre el principio de un Dios y un camino de salvación significa mantener la verdad básica del Antiguo Testamento."

II. Abraham: Ejemplo de la Justificación por la Fe en el Antiguo Testamento (4:1-25).

¿Afirmará algún judío que él no necesita la justificación por la fe porque es un descendiente de Abraham? (Véase Mt. 3:7-10). Entonces que mire más atentamente las Escrituras, cuya autoridad acepta. Allí descubrirá que Abraham mismo fue en el Antiguo Testamento el ejemplo más sobresaliente (o prototipo) de la justificación por la fe.

1. *La Base de la Justicia de Abraham (4:1-8)*

¿Cuál fue la base de la justicia de Abraham delante de Dios? ¿Fe u obras? La respuesta que daba la tradición judía era obras. Por ejemplo, Eclesiástico 44:20 (un libro apócrifo de los comienzos del Siglo II a. de J.C.) declaraba:

> "Abraham es el padre sublime
> de una multitud de naciones,
> nadie lo igualó en gloria.
> Observó la Ley del Altísimo
> e hizo alianza con él."[14]

También el Libro de los Jubileos, 23:10 (una obra anónima de las postrimerías del Siglo II a. de J.C.) afirmaba: "Abraham fue perfecto en todos sus hechos con el Señor, y le agradó en justicia todos los días de su vida."[15] Uno bien puede preguntarse cómo se las arregló Abraham para guardar la ley siendo que ella no fue dada hasta el tiempo de Moisés. (Véase Ex. 19:16—24:18). De acuerdo con algunas tradiciones judías Abraham guardó la ley por anticipación. Así 2 Baruc 57:2 (un escrito apocalíptico de la segunda mitad del siglo primero) dice de los patriarcas: "Porque en aquella época la ley no escrita se nombraba entre ellos, y las obras de los mandamientos eran así cumplidas."[16]

De esto se deduce entonces que si Abraham fue justificado por obras (o la fe considerada como una obra meritoria) tenía base para jactarse (4:2). Sin embargo, Pablo apela a Génesis 15:6 para mostrar que no es así: "¿Qué dice la Escritura? 'Creyó Abraham a Dios, y le fue contado por justicia' " (4:3). Esta era una enseñanza bíblica básica acerca de Abraham. Dios se había revelado a Abraham y

Abraham había respondido con fe. Esta fe le fue contada por justicia. El fue justificado por la fe.

Obras y salario van juntos tanto como fe y don. De modo que si un hombre trabaja y recibe dinero no se cuenta el dinero como don (4:4). Es en cambio un pago por servicios prestados. Por otra parte si un hombre recibe dinero por lo que no ha trabajado, el dinero es un don. Teniendo a Abraham en cuenta, Pablo aplica esta metáfora: "Al que no obra, sino cree en aquel que justifica al impío, su fe le es contada por justicia" (4:5). Se cita a David en apoyo de este principio, porque él pronunció una "bienaventuranza del hombre a quien Dios atribuye justicia sin obras" (4:6). La cita que Pablo hace del Salmo 32:1, 2, reza:

> "Bienaventurados aquellos cuyas
> iniquidades son perdonadas,
> y cuyos pecados son cubiertos.
> Bienaventurado el varón a quien
> el Señor no inculpa de pecado."

Reconciliación con Dios implica justicia que se atribuye y pecado que no se inculpa. Esta es la esencia de la justificación por la fe.

2. *El Significado de la Circuncisión (4:9-12)*

¿Qué acerca de esta bendición de una justicia que se cuenta por la fe, y pecado que no se inculpa? ¿Es para el circunciso solamente, o incluye también al incircunciso? (4:9). Esta es una pregunta vital a la que Pablo contesta de un modo contundente para sus contemporáneos judíos. Ellos consideraban la circuncisión como una señal del pacto (Gn. 17:11). Creían que era un requisito para todos los que tendrían parte en la promesa de Dios a Abraham, fuese judío nativo o prosélito gentil (Gn. 17:12, 13). "Y el varón incircunciso, el que no hubiere circuncidado la carne de su prepucio, aquella persona será cortada de su pueblo; ha violado mi pacto" (Gn. 17:14).

Una vez más Pablo apela a lo que las Escrituras enseñan respecto a Abraham. Pide a sus lectores que recuerden si la justicia de Abraham le había sido contada *antes* o *después* de ser circuncidado (4:10). Por supuesto fue antes. El relato de su justificación por la fe está asentado en Génesis 15:6, y su circuncisión no se describe hasta Génesis 17:22-27. Esto fue varios años más tarde, cuando Ismael tenía trece años (Gn. 17:25). De modo que cuando la fe de Abraham le fue contada por justicia, él era un incircunciso como cualquier gentil.

Entonces, ¿qué le significó a Abraham la circuncisión? Pablo explica: "Recibió la circuncisión como señal, como sello de la justicia de la fe que tuvo estando aún incircunciso" (4:11). La circuncisión no fue la obra por medio de la cual Abraham fue reconciliado con Dios. Fue más bien una señal de la justificación por fe que ya tenía siendo incircunciso. La circuncisión fue una señal de fe, no un sustituto para ella.

Esto tenía un significado importante para los judíos como para los gentiles. Pablo afirma: "Y recibió la circuncisión como señal, como sello de la justicia de la fe que tuvo estando aún incircunciso; para que fuese padre de todos los creyentes no circuncidados, a fin de que también a ellos la fe les sea contada por justicia; y padre de la circuncisión, para los que no solamente son de la circuncisión, sino que también siguen las pisadas de la fe que tuvo nuestro padre Abraham antes de ser circuncidado" (4:11, 12). Uno puede ser un verdadero descendiente de Abraham aunque sea un gentil incircunciso, si obra en su vida una fe como la de Abraham. O un judío circunciso puede ser un verdadero hijo de Abraham si sigue el ejemplo de Abraham de justificación por la fe. El ser hijo de Abraham es más una cuestión de semejanza de fe que de similaridad de sangre o ritos tradicionales.

3. *La Promesa de Muchos Descendientes (4:13-25)*

¿Qué de la promesa de Dios a Abraham y a sus descendientes que ellos heredarían el mundo? ¿Vino esto por la ley o por la justicia de la fe? (4:13). Ciertamente fue por la fe. El legalismo en la religión es contrario a la fe y a la promesa. Despoja la fe de su significado y destruye la promesa (4:14). Además la ley produce ira. Establece la norma divina, y así hace posible la transgresión (4:15).

En realidad la fe es la única respuesta por parte del hombre compatible con la gracia de Dios. La promesa descansa sobre la gracia de Dios y se recibe por la fe (4:16). La promesa es firme para todos los descendientes de Abraham, gentiles tanto como judíos (4:16, 17). La autoridad y el poder de Dios la respaldan. Y él es quien "da vida a los muertos, y llama las cosas que no son como si fuesen" (4:17).

Sobre el fondo de esta descripción del gran poder de Dios, Pablo describe la fe obrando en la vida de Abraham (4:18-22). Dios le había prometido que sería padre de muchas gentes (4:18). Sin embargo, las circunstancias que prevalecían cuando *la promesa fue hecha* hacían que su cumplimiento pareciese imposible. Por un lado,

Abraham tenía casi cien años (4:19). No debe darse a esto sin embargo, demasiada importancia, ya que aún más tarde Abraham fue padre de varios hijos con Cetura (Gn. 25:1, 2). De mucha mayor importancia fue el hecho de la esterilidad de Sara (4:19), quien durante los años normales para la maternidad ella no pudo concebir y dar a luz a un hijo. Cuando concibió a Isaac era vieja.

Bajo circunstancias tan adversas como éstas Abraham demostró su fe en Dios. Nadie tenía que recordarle a Abraham que ya era entrado en años. Cada vez que regresaba de los campos, una mayor fatiga se lo demostraba. Ni tenía alguien que refrescar su memoria acerca de la esterilidad de Sara. Durante los primeros años de su unión, ¿no había escuchado él a veces su llanto apagado en la oscuridad de la tienda? Hacía mucho que la esperanza que ella tuviera un hijo había sido abandonada. En verdad él se percataba, como siempre lo hace una fe inteligente, de todo factor humano que se interponía en el camino de la promesa de Dios. Pero, ¿qué hizo? Pablo escribe: "Tampoco dudó, por incredulidad, de la promesa de Dios, sino que se fortaleció en fe, dando gloria a Dios, plenamente convencido de que era también poderoso para hacer todo lo que había prometido; por lo cual también su fe le fue contada por justicia" (4:20-22).

¡Qué magnífico discernimiento de la naturaleza de la fe! Es la plena convicción de que Dios es poderoso para hacer lo que ha prometido, no importa cuál sea la situación. En medio de todo ello Abraham dio gloria a Dios (4:20). Esto era exactamente lo contrario a lo que los incrédulos paganos hicieron cuando se confrontaron con la revelación de Dios en la naturaleza (1:21).

Pablo lleva a la culminación su relato de la justificación de Abraham por la fe recordando a sus lectores que tenía significación para ellos también (4:23-25). En presencia de la promesa de Dios de un heredero y muchos descendientes, Abraham no dudó en incredulidad (4:21). En cambio creyó en el Dios que "da vida a los muertos, y llama las cosas que no son como si fuesen" (4:17). Así su fe le fue contada por justicia (4:22). Del mismo modo ahora, en presencia de la plena revelación de la justicia de Dios en Jesucristo, no debe ser de otra manera. La fe de aquellos "que creemos en el que levantó de los muertos a Jesús Señor nuestro" (4:24) nos es también contada por justicia. Además, Jesús "fue entregado por nuestras transgresiones y resucitado para nuestra justificación" (4:25).[17]

III. Verdad para Hoy

1. *La fe en Dios ha sido siempre la respuesta por la cual los hombres se reconcilian con él.*

Dios se reveló a Abraham. Abraham respondió en fe, y su fe le fue contada por justicia. En los días de Pablo Dios se reveló a sí mismo en la muerte y la resurrección de Jesucristo. Los hombres respondieron en fe, y Dios les reconcilió consigo. La *pauta* fue la misma, aunque el *contenido* de la revelación de Dios avanzó hacia su gran culminación en Jesucristo. De modo que Dios siempre busca revelarse a nosotros, esperando nuestra gozosa respuesta de fe.

2. *El perdón es costoso.*

Nunca ha de confundirse con indulgencia, que no es más que una imitación barata. La diferencia entre perdón e indulgencia es la misma diferencia entre un corazón quebrantado y un ojo que pestañea y disimula. Cada vez que el perdón tiene lugar, alguien ha sido herido. Y mientras más elevado sea aquel contra quien se ha pecado, y más bajo el pecador, mayor es el abismo que debe ser salvado por el perdón. No hay mayor abismo que el que separa a un Dios santo de los hombres pecadores. No obstante él se humilla para vencer por medio de la cruz. Entre nuestros pecados y el perdón de Dios se levanta la cruz de Cristo. ¡Cuán costoso el don de la gracia de Dios! (Véase 1 P. 1:18, 19).

3. *Cuando nuestras circunstancias son de lo más oscuras, Dios a menudo manifiesta su poder de un modo excepcional.*

En tales momentos nos sentimos inclinados a apoyarnos más en él. Dios puede llenarnos con más de su presencia cuando nos vaciamos de nosotros mismos. Además, cuando la dificultad es grande, nos sentimos menos inclinados a atribuir la liberación a nuestro ingenio o a la mera coincidencia. Dios tiene el poder necesario para corresponder a las grandes promesas que nos ha hecho.

Notas del Capítulo 4

[1] En Romanos 1:17 Pablo usó el tiempo presente "se revela" *(apokaluptetai)* para describir la revelación de la justicia de Dios. Este uso pone de relieve el continuo proceso de la predicación del evangelio a través del cual esta revelación se verifica. En

Romanos 3:21 usó el tiempo perfecto "se ha manifestado" *(pephanerotai)*. Esto pone de relieve los aspectos permanentes de la manifestación de la justicia de Dios que ya se había verificado.

[2] Las palabras traducidas "diferente" *(heteron)* y "otro" *(allo)* en Gálatas 1:6, 7 son puestas una enfrente de la otra como para brindar esta distinción. En otros contextos, sin embargo, pueden usarse indistintamente.

[3] Thomas Chalmers, "The Expulsive Power of a New Affection," en *The Protestant Pulpit*, comp. Andrew W. Blackwood (Nashville: Abingdon Press, 1947), p. 60.

[4] Ernest Best, *The Letter of Paul to the Romans*, The Cambridge Bible Commentary, ed. P. R. Ackroyd et al. (Cambridge: En la University Press, 1967), p. 41. Véase también, *op. cit.*, p. 74.

[5] Moody, *op. cit.*, p. 182.

[6] Dodd, *op. cit.*, p. 51.

[7] Bornkamm, *Paul*, p. 138.

[8] John Murray, *The Epistle to the Romans*, The New International Commentary on the New Testament, ed. F. F. Bruce (Grand Rapids: Wm. B. Eerdmans Publishing Co., 1971), p. 116.

[9] De la *Sagrada Biblia* por José María Bover y Francisco Cantera Burgos, publicada en Madrid por La Editorial Católica, 1947. Todas las citas que siguen de esta versión están indicadas por la abreviatura B-C.

[10] Dodd, *op. cit.*, p. 55.

[11] William R. Newell, "At Calvary," en *Baptist Hymnal*, ed. William J. Reynolds (Nashville: Convention Press, 1975), p. 166.

[12] James S. Stewart, *Heralds of God* (New York: Charles Scribner's Sons, 1946), pp. 82, 83.

[13] T. W. Manson, "Romans," en *Peake's Commentary on the Bible*, ed. Matthew Black (London: Thomas Nelson and Sons, Ltd., 1962), p. 943. También Barrett, *op. cit.*, p. 86.

[14] *Apocrypha*, p. 187.

[15] *The Apocrypha and Pseudepigrapha of the Old Testament, ed.* R. H. Charles (Oxford: en la Clarendon Press, 1913), II, 48.

[16] *Ibid.*, p. 513.

[17] Véase Moody, *op. cit.*, p. 191, para una discusión de la evidencia de que Romanos 4:25 cita un credo cristiano primitivo basado en Isaías 53:4, 5, 11, 12.

Actividades para el Aprendizaje Personal

Marque las respuestas

1. Pablo sostiene en Romanos 3:21, 22 que (elija una de las declaraciones):
   __ (1) La justicia consiste en guardar la ley.
   __ (2) La justicia es un don de la gracia de Dios otorgado en respuesta a la fe.

2. Tres ilustraciones que Pablo usa en Romanos 3:24, 25 para describir lo que Dios ha hecho en Cristo por los hombres pecadores son (elija las tres correctas):
   __ (1) La metáfora legal
   __ (2) La metáfora militar
   __ (3) La metáfora de la esclavitud
   __ (4) La metáfora del Exodo
   __ (5) La metáfora del sacrificio ritual

3. Estas ilustraciones son (elija la respuesta correcta):
   __ (1) Una presentación de las etapas de la salvación
   __ (2) Distintos modos de presentar la misma realidad
   __ (3) Bases para construir una teología
4. La muerte de Cristo en la cruz demuestra la justicia de Dios, y lo hace de dos maneras (elija las respuestas correctas):
   __ (1) La iniquidad del pecador es juzgada
   __ (2) La ira de Dios es liberada
   __ (3) El pecador mismo es a la vez declarado ser (justo) y recreado en justicia.
5. ¿Verdadero o Falso? Abraham fue hecho justo por medio de la fe y antes de la circuncisión.________

Respuestas:
1. (2); 2. (1), (3), (5); 3. (2); 4. (1), (3); 5. Verdadero

Capítulo 5

Reconciliados con Dios

Romanos 5:1—6:23

Jesús fue "entregado por nuestras transgresiones, y resucitado para nuestra justificación" (4:25). Con esta afirmación Pablo culminó su discusión de la justificación por la fe como el método de Dios para reconciliar a los hombres consigo. Esta verdad es el corazón del evangelio de la gracia de Dios como está presentado en Romanos 3:21-31. Pablo hizo ver cómo esta verdad evangélica era confirmada por la experiencia de Abraham (Romanos 4:1-25). Ciertamente Pablo señaló que la fe ha sido siempre el medio a través del cual Dios ha habilitado a los hombres para reconciliarse con él.

Aquí Pablo vuelve su atención hacia algunas de las consecuencias maravillosas de la justificación. En Romanos 5:1-11 describe ciertos beneficios que ella asegura. En Romanos 5:12-21 engrandece la nueva humanidad encabezada por Jesucristo. Y en Romanos 6:1-23 declara el poder del evangelio de la gracia de Dios para transformar las vidas de los hombres.

I. Los Beneficios (5:1-11)

Tres veces en Romanos 5:1-11 Pablo utiliza formas del verbo traducido "gloriarse" (griego: *kauchaomai*): "Nos gloriamos en la esperanza de la gloria de Dios" (5:2); "nos gloriamos en las tribulaciones" (5:3); y "también nos gloriamos en Dios por el Señor nuestro Jesucristo" (5:11). Eso es bastante gloriarse para un pasaje breve. En realidad la repetición de esta palabra da el tono de alabanza y regocijo en estos versículos.[1]

1. *Una Nueva Relación con Dios (5:1, 2)*

Pablo escribe: "Justificados, pues, por la fe, tenemos paz para con Dios por medio de nuestro Señor Jesucristo; por quien también tenemos entrada por la fe a esta gracia en la cual estamos firmes, y nos gloriamos en la esperanza de la gloria de Dios."[2]

Tres palabras en estos versículos caracterizan la nueva relación con Dios que la fe en Jesucristo hace posible. Ellas son: paz, entrada y esperanza. Miraremos a cada una de ellas por turno.

Primeramente la fe en Jesucristo hace posible una relación con Dios en la cual se establece paz (5:1). Antes de ser justificados por la fe, los hombres están en enemistad con Dios. Pueden expresar su hostilidad en flagrante desafío, como en el caso de los gentiles descriptos en Romanos 1:32. O puede tomar la forma de la impenitencia en medio de prácticas religiosas, como en el caso de los judíos descriptos en Romanos 2:1—3:20. Ambas son formas de rebelión contra Dios, y cada una está bajo su ira (1:18; 2:5).

En Romanos 8:7, 8 Pablo agrega: "Los designios de la carne son enemistad contra Dios, porque no se sujetan a la ley de Dios, ni tampoco pueden; y los que viven según la carne no pueden agradar a Dios." Nuevamente el cuadro es de enajenación y desconfianza. El hombre rehusa reconocer lo justo del derecho de Dios sobre todas sus criaturas. El desagrada a Dios.

Pero la justificación por la fe cambia todo esto. En lugar de la vieja enemistad, ahora reina la paz entre el hombre y Dios. Las pretensiones del hombre han sido dejadas a un lado. La desconfianza es reemplazada por gustosa sumisión. La arrogancia cede a la agradecida aceptación del afable modo de Dios de reconciliar consigo al hombre pecador.

Este concepto implica más que un sentimiento interior de paz mental. Más bien, la situación del hombre ante Dios ha sido cambiada de la enemistad a la paz. Los sentimientos de paz derivan de ese cambio de condición; no lo determinan.

La utilización del término paz aquí, anticipa la presentación de la metáfora de reconciliación en el versículo 10.

En segundo lugar, la fe en Jesucristo proporciona "*entrada*" a la gracia en la cual estamos firmes (5:2). La palabra traducida "entrada"[3] aparece sólo tres veces en el Nuevo Testamento: Efesios 2:18; 3:12, y aquí. En cada caso es aplicada a Cristo. La palabra denota una introducción a la presencia de una persona exaltada. Por este motivo Sanday y Headlam escriben: "La traducción "entrada" es inadecuada, ya que oculta el hecho de que nosotros no venimos por nuestra propia virtud, sino que necesitamos un "introductor" — Cristo."[4] De modo que Cristo es presentado como el que nos introduce en la esfera de la gracia de Dios, en la que estamos firmes delante de Dios.

Compare esto con el acceso limitado de Israel a Dios como se simbolizaba en los ritos del Día de la Expiación. De toda la muchedumbre de Israel, sólo el sumo sacerdote podía entrar en el lugar santísimo. Podía hacerlo sólo una vez al año, luego de haber realizado cuidadosos preparativos. El pueblo tenía que esperar afuera mientras su representante sacerdotal entraba por él al lugar santísimo. Allí, en la presencia de Dios, el sumo sacerdote rociaba con sangre de sacrificios el propiciatorio, cubriendo los pecados del pueblo y asegurando el perdón. Sin embargo, el sumo sacerdote nunca introducía al lugar santísimo al pueblo perdonado. En vez de ello, después que se habían hecho los sacrificios por el pecado, el pueblo regresaba a sus hogares. Las cortinas se cerraban sobre el aterrador lugar de la presencia de Dios hasta el año siguiente.

¡Qué gran diferencia ha hecho Jesucristo en cuanto a nuestro acceso a la esfera de la gracia de Dios! No estamos afuera, esperando los servicios sacerdotales de otro que tenga el monopolio de la entrada al propiciatorio. Antes, estamos adentro como quienes han sido introducidos a la esfera de la gracia de Dios por medio del sacrificio de la muerte de Jesucristo.

Hebreos 9:12 dice que Cristo "no por sangre de machos cabríos ni de becerros, sino por su propia sangre, entró una vez para siempre en el Lugar Santísimo, habiendo obtenido eterna redención."

En tercer lugar, la fe en Jesucristo inspira regocijo en la *esperanza* de participar de la gloria de Dios (5:2). Habiendo sido justificados por la fe disfrutamos de paz con Dios en lugar de la vieja enemistad (5:1). Y hemos sido introducidos a la esfera de la gracia de Dios, en la cual estamos firmes (5:2). Podemos así mirar al futuro con gozo, pues esperamos participar de la gloria de Dios.

Necesariamente la esperanza se inclina hacia el futuro, y esta posición se refleja en los comentarios de todos los intérpretes. No obstante, hay variaciones aquí, como en Romanos 3:23, en las que los eruditos difieren respecto al significado de la gloria de Dios. Los que la consideran el esplendor divino que Adán perdió en la caída, anuncian su plena recuperación en el último día (Best). Los que piensan de ella simplemente como la meta futura que Dios se propone para el hombre, anuncian su cumplimiento en el siglo venidero (Moody). Los que la miran como el ideal de Dios para el hombre ahora, se glorían en la esperanza porque saben que la meta es alcanzable (Dodd). Todos estos puntos de vista tienen en común la esperanza de participar de la gloria de Dios como la culminación de la justificación por la fe.

De modo que la nueva relación con Dios hecha posible por la fe en Jesucristo se caracteriza por paz, entrada y esperanza.

2. *Un Nuevo Entendimiento en las Tribulaciones (5:3-5).*

La esperanza cristiana no es una planta delicada que debe ser resguardada de vientos adversos. Ni espera ni exige ser librada de los sufrimientos propios de la existencia humana. Vivimos en un mundo en el que ocurren desastres naturales, catástrofes políticas, dificultades económicas, accidentes, enfermedades, muerte y mucha maldad. Nadie puede pertenecer a un mundo así sin pasar por épocas de tribulación. No obstante el cristiano es a la vez realista y positivo en su actitud hacia ella. Pablo llega a decir: "Nos gloriamos en las tribulaciones" (5:3). Es innecesario decir que ésta no es la respuesta acostumbrada en tiempo de aflicción. Pero vean la razón que hacía a Pablo tan positivo: "Sabiendo que la tribulación produce paciencia; y la paciencia, prueba; y la prueba, esperanza" (5:3, 4).

Este proceso no es una fantasía. Es el firme reconocimiento de que Dios puede transformar experiencias de sufrimiento en épocas de crecimiento y descubrimientos espirituales. Observen el orden de sucesión indicado por Pablo.

Primeramente, "la tribulación produce paciencia" (5:3). La palabra traducida "tribulación" significa literalmente "presión". Describe una variedad de aflicciones que pueden hacer presión sobre nosotros aplastándonos. En Romanos 8:35 Pablo hace la pregunta: "¿Quién nos separará del amor de Cristo?" Luego especifica siete variedades de adversidad que amenazaban a los creyentes. Encabeza la lista esta misma palabra "tribulación".

El sustantivo traducido "paciencia" es una palabra compuesta. Consiste en un sustantivo que significa "permanecer" y una preposición que significa "debajo". Denota poder para permanecer, la capacidad de quedarse debajo de una carga pesada. No es el concepto de soportar pasivamente. Más bien describe una actitud de victoria. Uno soporta triunfalmente y vence activamente las aflicciones que amenazan triturarle sobre el polvo. Las épocas de tribulación proporcionan la oportunidad para desarrollar este poder de permanecer.

En segundo lugar, la paciencia produce "prueba" (5:4). La palabra así traducida describe la cualidad de ser aprobado. Se usaba para los metales cuyas impurezas se habían depurado por el fuego. Así también la paciencia en las aflicciones tiende a quemar la escoria de nuestras vidas. Nos hace hombres y mujeres de carácter probado o aprobado.

En tercer lugar, la prueba produce "esperanza" (5:4). Obsérvese que la esperanza es el nivel final en estos tres pasos hacia la madurez espiritual. Siempre arde con más brillo en aquellos cuyo carácter se ha desarrollado al vencer muchas pruebas. La esperanza no es el precio que pagamos por la enseñanza al matricularnos en la escuela de la adversidad. Es más bien el diploma otorgado a aquellos que por la gracia de Dios rinden bien sus exámenes.

Pablo sostiene que la esperanza del cristiano "no avergüenza" (5:5). Nunca será ilusoria, "porque el amor de Dios ha sido derramado en nuestros corazones por el Espíritu Santo que nos fue dado" (5:5).

Dedicar nuestras vidas a Jesucristo no nos hace inmunes al sufrimiento. Pero sí nos proporciona la seguridad de que nuestras experiencias no carecerán de significado. Dios puede llevar a cabo sus propósitos a través del sufrimiento para conducirnos a la madurez. Además nos ofrece seguridad contra la soledad. El derramamiento del amor de Dios en nuestros corazones por el Espíritu Santo será siempre testimonio de su proximidad.

3. *Una Nueva Seguridad en el Juicio (5:6-11)*

Otro beneficio de la justificación es la seguridad que nos brinda con respecto al juicio final. Aquí aprendemos que la esperanza cristiana no es ni ilusión ni conjetura. Antes bien está basada sobre el sólido fundamento del amor de Dios hacia nosotros.

En los versículos 6 al 8 Pablo trata de mostrar la grandeza del amor de Dios por los pecadores comparándolo con el amor humano. Del amor humano él dice: "Ciertamente, apenas morirá alguno por un justo; con todo, pudiera ser que alguno osara morir por el bueno" (5:7). La distinción que Pablo quiere hacer entre el hombre "justo" y el hombre "bueno" está lejos de ser obvia. Sin embargo, es bastante claro lo que él quiere indicar. A ninguno de nosotros le sería fácil morir por otro. Y si fuera menester hacerlo, nos ayudaría el que aquel por quien muriésemos fuera una persona digna.

Pero, ¿y el amor de Dios hacia nosotros? Fue expresado en la muerte de Cristo por los indignos: "Cristo, cuando aún éramos débiles, a su tiempo murió por los impíos" (5:6). Difícilmente un hombre morirá por otra persona justa o buena. Pero Cristo murió por los pecadores. Pablo reitera este pensamiento en uno de los más grandes versículos que jamás escribiera: "Dios muestra su amor para con nosotros, en que siendo aún pecadores, Cristo murió por nosotros" (5:8). El amor de Dios hacia los pecadores se expresa por medio de la muerte de Jesucristo su Hijo. Un versículo como este muestra que es erróneo considerar la muerte de Cristo como un apaciguamiento de la ira de un Padre airado. En verdad, todo lo que hizo Jesucristo Dios el Padre lo estaba haciendo por medio de él.

Ahora bien, la seguridad del cristiano concerniente al juicio final está basada en lo que Dios ya ha hecho. Pablo declara: "Pues mucho más, estando ya justificados en su sangre, por él seremos salvos de la ira" (5:9). En el versículo que sigue repite este argumento de lo menor a lo mayor, y presenta la metáfora de la reconciliación: "Si siendo enemigos, fuimos reconciliados con Dios por la muerte de su Hijo, mucho más, estando reconciliados, seremos salvos por su vida" (5:10).

El que Dios nos haya reconciliado con él en primer lugar, es la maravilla que desafía todo entendimiento. Por ser sus enemigos, y burlándonos de su voluntad, merecíamos su ira, no su misericordia. No obstante él nos reconcilió consigo mientras éramos enemigos. Esta es la grandeza del amor de Dios.

La maravilla menor, que proporciona mayor seguridad, es que ahora seremos salvos de la ira del último día. Nuestra experiencia de conversión con su reconciliación coloca una base histórica sólida bajo nuestra seguridad de liberación final. Por esto "también nos gloriamos en Dios por el Señor nuestro Jesucristo, por quien hemos recibido ahora la reconciliación" (5:11).

II. La Nueva Humanidad (5:12-21)

Ningún pasaje en esta carta es más difícil de entender que Romanos 5:12-21. Ningún pasaje ha sufrido mayores distorsiones en manos de los intérpretes. Los siguientes rasgos del pasaje contribuyen a la dificultad:

- Pablo comienza su discusión con una frase incompleta. Aunque largo y complicado, Romanos 5:12 es sólo un pensamiento inconcluso. La frase implica una comparación, y comienza con "de manera que" (VM). Sin embargo, la parte "asimismo" nunca se expone. La palabra técnica para esta clase de expresión cortada o en suspenso es anacoluto. Este pasaje presenta uno de los ejemplos más alarmantes que se hallan en el Nuevo Testamento de una brecha tal. La VM indica el carácter incompleto del mismo por medio de un guión al final del versículo. (En la VM, Romanos 5:12 dice: "Por tanto, de la manera que por medio de un solo hombre entró el pecado en el mundo, y por medio del pecado la muerte, y así la muerte pasó por todos los hombres, por cuanto todos pecaron.")
- Los versículos 13 y 14 constituyen un paréntesis en el que Pablo trata un problema sugerido por la cláusula precedente: "Y así la muerte pasó a todos los hombres, por cuanto todos pecaron—" (5:12, VM). El estima necesario comentar en cuanto al tiempo entre Adán y Moisés, cuando no había ley. Hasta los versículos 18 y 19 Pablo completa lo que comenzó a escribir en el 12. Y entonces aun cambia la fraseología de la primera oración.
- En el versículo 14 presenta más bien abruptamente el concepto de Adán como "figura del que había de venir". Estrictamente hablando, la figura —o tipo— es una impresión que marca el antitipo; de allí la semejanza. Sin embargo, con Adán como tipo y Cristo como antitipo, las correspondencias nunca pueden ser exactas. Siempre se inclinarán en la dirección del antitipo. En realidad, tres de los cinco paralelos que Pablo traza entre Adán y Cristo en los versículos 15 al 19, son contrastes en vez de comparaciones. Hacen un efecto parecido al de un hombre grande en un subibaja con un niño.
- Pablo utiliza el recurso retórico de la analogía en todo el pasaje. Es un medio poderoso para un impacto global. Pero tiene más en común con los gruesos rasgos del pincel de un artista que con las finas líneas de la pluma de un diseñador. La analogía es magnífica para producir un mural, cuya perspectiva disfrutamos desde cierta distancia. Sin embargo, deja mucho qué desear para producir la exactitud de una fotografía tomada a muy corta distancia.

Por ejemplo, la analogía Adán-Cristo en Romanos 5:12-21 difiere del relato del alboroto en Efeso en Hechos 19:23-41. La primera es analogía; el último historia. Interpretar el pasaje de los Hechos como analogía no beneficiaría su significado como narrativa histórica. Del mismo modo interpretar Romanos 5:12-21 como narrativa histórica no ayudaría a su significado como analogía.

- A veces el estilo de Pablo es elíptico; es decir, él omite palabras cuya presencia haría más claro lo que quiere decir. Esto no es evidente a los lectores de habla española porque los traductores se han encargado de suplir las palabras faltantes. Por ejemplo: no hay una sola palabra de acción (verbo), y tan sólo hay un participio en el texto griego del versículo 16. Esto explica las variaciones en la traducción que se encuentran al cotejar varias versiones en español. Tampoco hay verbos en el texto griego del versículo 18. Semejantes omisiones son normales en la comunicación oral, pero a menudo hacen más difícil la interpretación cuando se trata de una carta dictada.
- En los versículos 15 y 19 Pablo usa una expresión idiomática semítica común, "los muchos", para referirse en un sentido inclusivo a todos los hombres. En ambos casos el modismo distingue el "uno" (con referencia a Adán o a Cristo) de todos los hombres.

A estas dificultades que hay en el pasaje en sí, traductores e intérpretes han añadido sus propias ideas equivocadas en cuanto a lo que Pablo quiere decir. Lo que sigue proporcionará ejemplos de lo dicho:

En primer lugar La Vulgata, versión latina de la Biblia del siglo cuarto, traduce equivocadamente la última cláusula de Romanos 5:12. Donde el texto griego tiene "Por cuanto todos los hombres pecaron", la Vulgata traduce "En quien todos pecaron." Se considera a Adán el antecedente del "en quien" no nombrado.

En segundo lugar, la base de este error de traducción en la Vulgata, Agustín (354-430 *A.D.*) desarrolló su doctrina del pecado original. El enseñó que todos los hombres estaban seminalmente presentes en los lomos de Adán cuando él pecó. Así sostuvo que toda la raza humana pecó en el pecado de Adán. En virtud de nuestra descendencia física de Adán, heredamos su culpa. Nacemos culpables del pecado original, de acuerdo con Agustín.

Agustín enseñó además que el bautismo infantil administrado apropiadamente quita la culpa del pecado original. Pero si un niño muere sin ser bautizado, su alma es enviada al limbo. Durante toda la eternidad el niño sólo experimentará felicidad natural, y nunca podrá gozar la felicidad sobrenatural del cielo. Prácticas corrientes en el catolicismo romano niegan la sepultura en tierra consagrada a criaturas no bautizadas.

En tercer lugar, en el siglo diecisiete Johannes Cocceyo propuso una teoría diferente del pecado original. El enseñó que Dios hizo un pacto con Adán como cabeza federal de la raza humana. Si Adán obedecía a Dios, toda la humanidad recibiría vida eterna; pero si él desobedecía, todos serían condenados a la corrupción y a la muerte. Siendo que Adán pecó, Dios imputó su pecado a todos sus descendientes. Esta ha sido llamada la Teoría Federal del Pecado Original, o la Teoría de Condenación por Pacto. Ha influido grandemente en las iglesias de la tradición reformada. Sin embargo, no hay ni un vestigio de evidencia en la Biblia de que Dios haya hecho jamás tal pacto con Adán. La teoría nació en Europa, no en Edén.

En cuarto lugar, muchos intérpretes de Romanos 5:12-21 han tenido la tendencia a ignorar su contexto general e inmediato en la carta. En Romanos 1:18 a 3:30 Pablo presenta su doctrina del pecado. Aquí muestra cómo todos los hombres, tanto gentiles como judíos, han llegado a ser culpables, porque todos los hombres pecaron (3:9, 19, 23). La culpabilidad humana proviene del pecado humano; no es heredada. Los hombres son culpables porque han pecado, no porque han nacido. Ninguna interpretación de Romanos 5:12-21 que oscurezca o refute la clara enseñanza de Romanos 1:18 a 3:20 puede ser correcta. ¿No es interesante que Pablo logró demostrar la culpabilidad de todos los hombres en este pasaje anterior sin ninguna referencia a Adán?

Romanos 5:12-21 se encuentra en el contexto inmediato de Romanos 3:21 a 5:11. Aquí Pablo presenta el evangelio de la gracia de Dios revelada por medio de Jesucristo su Hijo (3:21-31). Por la fe en Cristo los pecadores pueden ser justificados ante Dios, reconciliados con él (3:24, 25). Abraham mismo fue justificado por la fe y ha llegado a ser el padre de todos los que creen (4:1-25). En Romanos 5:1-11 Pablo se gloría en los beneficios que han venido a los hombres por medio de la gracia de Dios que justifica. Y en Romanos 5:12-21 continúa magnificando la gracia de Dios mostrando los alcances universales de lo que Cristo llevó a cabo en la cruz. Así como Adán fue cabeza de una vieja humanidad caracterizada por el pecado y la muerte, de igual modo Cristo encabeza una nueva humanidad caracterizada por la justicia y la vida. En verdad el tema de este pasaje es la gracia sobreabundante. Pablo insiste en que lo que la humanidad perdió en Adán fue más que recuperado en Cristo.

Este tema puede ilustrarse así:

ADAN		CRISTO	Paraíso recuperado
Pecado	¡Paraíso Perdido!	Acto de Justicia	¡y
Muerte		Vida	*mucho más*!

Ahora nos ocuparemos en una breve discusión del pasaje en sí.

1. *Desde Adán hasta Moisés (5:12-14).*

Pablo escribe: "Por tanto, de la manera que por medio de un solo hombre entró el pecado en el mundo, y por medio del pecado la muerte, y así la muerte pasó por todos los hombres, por cuanto todos pecaron" (5:12, VM). Como ya se dijo, Pablo nunca terminó esta frase. En lugar de ello, en los versículos 13 y 14 trata de un problema sugerido por la última cláusula del versículo 12. ¿Qué acerca de los que vivieron entre Adán y Moisés? ¿Qué con respecto a la presencia del pecado en el mundo antes que se diera la ley? Pablo afirma: "Pues antes de la ley había pecado en el mundo; pero donde no hay ley, no se inculpa de pecado" (5:13; véase también 3:20; 4:15; Gá. 3:19).

El pecado de Adán se expresó en una transgresión deliberada del mandamiento de Dios. No podían pecar de ese modo los que vivieron entre Adán y Moisés. "No obstante, reinó la muerte desde Adán hasta Moisés, aun en los que no pecaron a la manera de la transgresión de Adán, el cual es figura del que había de venir" (5:14). Este versículo sostiene que la vieja humanidad encabezada por Adán se caracterizó por el pecado y la muerte aun durante el tiempo que precedió a la dación de la ley. Y al referirse a Adán como figura de Cristo, el versículo 14 proporciona una transición a la analogía de los versículos que siguen.

2. *Adán y Cristo: una Analogía (5:15-19)*

En estos versículos se trazan cinco paralelos entre Adán y Cristo.

Los tres primeros son contrastes (5:15-17), y los dos últimos son comparaciones (5:18, 19). Las analogías no están cuidadosamente equilibradas con sus correspondientes sujetos y predicados. En cambio, palabras que en un miembro de la analogía constituyen el sujeto, pueden estar en el predicado en el otro. También sujetos simples en una pueden estar seguidos de sujetos compuestos en la otra. Estos rasgos, juntamente con el estilo elíptico de Pablo, dificultan tanto la traducción como la interpretación de estos versículos. En algunos casos queda oscuridad, pero la proyección total del pasaje es suficientemente obvia.

La enunciación de estos paralelos se simplifica en la siguiente enumeración:

(1) Un contraste entre la *transgresión* de Adán, por la cual murieron los muchos, y el *don gratuito* de la gracia de Dios en Cristo, que abundó para muchos (5:15).

(2) Un contraste entre la *condenación* que siguió a aquella transgresión de Adán, y la *justificación* que sigue al don gratuito de la gracia de Dios que vino después de muchas transgresiones (5:16).

(3) Un contraste entre la *muerte* que reinó por la transgresión de Adán y el reinado mucho mayor en *vida* de aquellos que reciben el don gratuito de la gracia de Dios (5:17).

Observen que este versículo habla de "los que reciben" el don benigno de Dios de la justicia. Lo que Cristo ha hecho debe ser recibido por los hombres.

(4) Una comparación entre la *condenación* que vino a todos los hombres por la transgresión de Adán, y la *justificación* que viene a todos los hombres por medio del acto de justicia de Cristo (5:18).

(5) Una comparación entre la *desobediencia* de Adán, por la cual los muchos fueron constituidos pecadores, y la *obediencia* de Cristo, por la cual los muchos serán constituidos justos (5:19).

Pablo escribe: "Como por la desobediencia de un hombre los muchos fueron constituidos pecadores, así también por la obediencia de uno, los muchos serán constituidos justos" (5:19). Este versículo es el más claro de todos. Aquí no hay nada incompleto, como en el versículo 12. Ni faltan palabras, como en los versículos 16 y 18. Además coloca el problema en su más nítido foco.

Queremos saber cómo los hombres fueron constituidos pecadores por la desobediencia de Adán. ¿Fue porque todos los hombres estaban seminalmente presentes en los lomos de Adán cuando él pecó, y así heredaron la culpa? (Agustín). ¿Fue porque Adán como cabeza federal de la raza tomó la decisión errónea en Edén y así dejó culpables ante Dios a todos los hombres? (Cocceyo). Debemos afirmar que no hay evidencias en este pasaje para ninguna de estas teorías del pecado original. Ciertamente un estudio de Génesis 3:1-24 y Romanos 5:12-21 revelará que ninguno de estos pasajes explica cómo los efectos del pecado de Adán se transmitieron a sus descendientes.

Pero sabemos mucho respecto de la otra mitad de la analogía, es decir, cómo los hombres son constituidos justos por medio de la obediencia de Cristo. Sabemos que la muerte de Cristo en la cruz no reconcilia automáticamente a todos los hombres con Dios. En Romanos 3:24, 25 Pablo dejó bien claro que lo que Cristo hizo en la cruz nos sirve únicamente sobre la base de nuestra fe en él. No heredamos la salvación por lo que Cristo ha hecho. Más bien por la gracia de Dios recibimos la salvación por la fe en Cristo.

El saber esto respecto al miembro de la analogía que se refiere a la obediencia de Cristo precedido por el "así también", nos ayuda a comprender el miembro "porque así como" que se refiere a la desobediencia de Adán. No heredamos la salvación por la obediencia de Cristo sin un compromiso nuestro personal de fe. Ni heredamos la condenación por la desobediencia de Adán sin nuestro compromiso personal con el pecado.

El doctor Walter T. Conner, por muchos años profesor de teología en el Seminario Teológico Bautista del Sudoeste, en Fort Worth, Texas, lo expresa así: "No soy más responsable individualmente, y por lo tanto culpable, por lo que hizo Adán que por lo que hizo Julio César. Pero lo que ambos hicieron ha afectado mi vida."[5]

Es digno de mencionar que hay hoy eruditos católicos que están cuestionando la tradición de su iglesia con respecto al pecado original. Así Herbert Hagg escribe: "La idea de que los descendientes de Adán son automáticamente pecadores a causa del pecado de su antepasado, y que ya son pecadores cuando vienen al mundo, es extraña a las Sagradas Escrituras."[6]

3. *El Triunfo de la Gracia (5:20, 21)*

Hasta este punto en su discusión de las dos humanidades encabezadas por Adán y Cristo (5:12-19), Pablo no ha mencionado la ley. Sin embargo, la dación de la ley por medio de Moisés fue un hecho de gran importancia en la historia nacional de los judíos. ¿No debiera Pablo haber mencionado a Moisés juntamente con Adán y Cristo en su analogía? ¡No! Moisés no pertenecía a esta compañía exclusiva de los dos Adanes. (Véase 1 Co. 15:21, 22, 45-49). Pablo estaba hablando en términos de dos órdenes de humanidad: la vieja humanidad señalada por el pecado y la muerte encabezada por Adán y la nueva humanidad señalada por la justicia y la vida encabezada por Cristo. No hay una tercera humanidad encabezada por Moisés.

No obstante Moisés fue una figura importante en el plan redentor de Dios. Por medio de él Dios dio la ley con un propósito específico. Pablo lo describió: "La ley se introdujo para que el pecado abundase; mas cuando el pecado abundó, sobreabundó la gracia; para que así como el pecado reinó para muerte, así también la gracia reine por la justicia para vida eterna mediante Jesucristo, Señor nuestro" (5:20, 21).

Por medio de la dación de la ley Dios estableció el patrón de lo que agrada y desagrada a su vista. Este patrón sirvió para hacer al pecado visible como una transgresión específica. Sirvió también para hacer abundar el pecado. Aunque este concepto era chocante para los judíos piadosos, Pablo insiste en que el propósito de la ley fue descubrir el pecado. Barrett comenta: "Pablo ha mostrado ya que donde no hay ley no se inculpa de pecado (v. 13), porque solamente la ley puede hacer del pecado invisible transgresión visible. Pero los hombres nunca verán su pecado ni sentirán su culpa, ni por lo tanto tendrán fe, sino hasta que su pecado llegue a ser transgresión."[7]

El propósito fundamental de Dios en la gracia es triunfar sobre el reino del pecado y la muerte. La gracia está destinada a reinar "por la justicia para vida eterna mediante Jesucristo, Señor nuestro" (5:21).

¡Qué grandioso cuadro del logro obtenido por la obra justificadora de Dios en Cristo que cubre a toda la humanidad!

III. Vidas Transformadas (6:1-23)

1. *Libertad del Pecado (6:1-14)*

En Romanos 5:20 Pablo declaró que donde abundó el pecado sobreabundó la gracia de Dios. ¡Qué maravillosa noticia es ésta! Significa que no importa cuán honda la mancha del pecado del hombre, la gracia de Dios es más grande. De modo que hay esperanza para todos. ¡Los hombres deben alabar a Dios por su asombrosa gracia!

Sin embargo, esta gran verdad con respecto al evangelio corría el riesgo de ser cruelmente pervertida por los hombres pecadores. Ellos decían que al pecar proporcionaban a Dios la oportunidad de revelar la grandeza de su gracia. Pablo describe el error de ellos mediante dos preguntas: "¿Qué pues, diremos? ¿Perseveraremos en el pecado para que la gracia abunde?" (6:1). Ya en Romanos 3:5-8 Pablo había tratado de una perversión similar de la verdad de Dios. Ahora él dedica toda la fuerza de su argumento contra aquellos que decían que pecaban para la gloria de Dios. Afrentado por esta flagrante maldad, Pablo replica: "En ninguna manera. Porque los que hemos muerto al pecado, ¿cómo viviremos aún en él?" (6:2).

En los versículos 3 y 4 Pablo, al describir el significado del bautismo, explica la muerte del cristiano al pecado: "¿No sabéis que todos los que hemos sido bautizados en Cristo Jesús, hemos sido bautizados en su muerte? Porque somos sepultados juntamente con él para muerte por el bautismo, a fin de que como Cristo resucitó de los muertos por la gloria del Padre, así también nosotros andemos en vida nueva."

En muchas iglesias evangélicas hoy se pide a las personas que confiesen públicamente su fe en Cristo pasando al frente y estrechando la mano del pastor. Pero en los días de Pablo no había edificios cristianos con pasillo entre las butacas para que la gente caminara hacia el frente. En lugar de eso los hombres y las mujeres confesaban públicamente su fe en Cristo sometiéndose al bautismo. No es probable que Pablo se haya enfrentado con una situación en que un cristiano que profesara la fe cristiana rehusara ser bautizado. El bautismo era al mismo tiempo el momento y el modo de la confesión por el cual uno profesaba ser un discípulo de Cristo por la fe.

En el bautismo el creyente se une con Cristo en su muerte, sepultura, y resurrección. Esta realidad se presenta vívidamente por la inmersión. Al descender dentro del agua, somos bautizados en su muerte; somos sepultados con él. Y la muerte que él experimentó fue el sacrificio hecho una vez para siempre por nuestros pecados (6:10; véase también He. 7:27; 9:12, 26, 28; 10:10; 1 P. 3:18). Levantados del agua, entramos a la nueva vida de la resurrección de Cristo. Pablo la describe como un andar "en vida nueva" (6:4). El uso del término "andar" para describir la conducta o manera de vivir, era corriente en el Antiguo Testamento. Pablo lo hacía con frecuencia (véase Ro. 8:4; 13:13; 14:15; Gá. 5:16).

Pablo no dice que el creyente que ha sido sepultado con Cristo en el bautismo ha experimentado también la resurrección con él. Esto queda en el futuro: "Si fuimos plantados juntamente con él en la semejanza de su muerte, así también lo seremos en la de su resurrección" (6:5). Pero sí afirma nuestra liberación presente de la servidumbre del pecado: "Sabiendo esto, que nuestro viejo hombre fue crucificado juntamente con él, para que el cuerpo del pecado sea destruido, a fin de que no sirvamos más al pecado" (6:6; véase Gá. 2:20; 6:14). Los eruditos difieren en cuanto al significado de la frase traducida "el cuerpo del pecado" en este versículo. Por ejemplo, Vincent Taylor explica: "*Cuerpo* significa aquí el ser pecaminoso, el ser que vemos dominado por el pecado."[8] T. W. Manson aboga por el sentido corporativo: "Es tal vez mejor considerar 'el cuerpo del Pecado' como lo opuesto al 'cuerpo de Cristo'. Es la masa de la humanidad redimida en servidumbre al poder del mal. Cada conversión significa que el cuerpo del pecado pierde un miembro y el cuerpo de Cristo gana uno."[9]

En Romanos 6:2 Pablo usa el modo *indicativo,* declarando el hecho de la muerte del creyente al pecado. Sin embargo, en Romanos 6:11 usa el modo *imperativo:* "Así también vosotros consideraos muertos al pecado, pero vivos para Dios en Cristo Jesús." Las formas imperativas también predominan en los versículos 12 y 13: "No reine, pues, el pecado en vuestro cuerpo mortal" (v. 12); "Ni tampoco presentéis vuestros miembros al pecado . . . sino presentaos vosotros mismos a Dios" (v. 13). Los imperativos éticos en el discipulado cristiano están basados en nuestra relación real actual con Jesucristo.

2. *Servidumbre a la Justicia (6:15-23)*

En Romanos 6:14 Pablo escribió: "El pecado no se enseñoreará de vosotros; pues no estáis bajo la ley, sino bajo la gracia." Este versículo provee la transición para una nueva exposición del mismo problema mencionado en Romanos 6:1: "¿Qué pues? ¿Pecaremos, porque no estamos bajo la ley, sino bajo la gracia?" (6:15). ¿Permite o estimula la gracia el pecado que la ley prohibe?

Evidentemente Pablo confrontó opositores judíos que sostenían que la ley era esencial para evitar que los creyentes recayeran en pecados paganos. Otra posibilidad es que algunos creyentes pensaban que siendo que estaban bajo la gracia y no bajo la ley, podían pecar sin consecuencias terribles.

Pablo utiliza la analogía de la esclavitud para combatir una actitud superficial hacia el pecado: "¿No sabéis que si os sometéis a alguien como esclavos para obedecerle, sois esclavos de aquel a quien obedecéis, sea del pecado para muerte, o sea de la obediencia para justicia?" (6:16). No importa lo que digamos, nuestro verdadero amo se conoce por los mandatos que obedecemos. Si obedecemos los mandatos del pecado, entonces el pecado es nuestro amo, y nuestro fin muerte. Si obedecemos los mandatos de la justicia, entonces la justicia es nuestro amo, y nuestro fin vida.

Pablo expresa gratitud a Dios por las vidas transformadas de sus lectores: "Pero gracias a Dios, que aunque erais esclavos del pecado, habéis obedecido de corazón a aquella forma de doctrina a la cual fuisteis entregados; y libertados del pecado, vinisteis a ser siervos de la justicia" (6:17, 18). Nuevamente habiendo usado el modo indicativo para describir el cambio de amo de ellos, Pablo prosigue con un imperativo: "Así como para iniquidad presentasteis vuestros miembros para servir a la inmundicia y a la iniquidad, así ahora para santificación presentad vuestros miembros para servir a la justicia" (6:19).

La palabra traducida "*santificación*" aparece sólo dos veces en Romanos: aquí y en 6:22. E. C. Blackman escribe: "Puede ser considerada a la vez como una categoría conferida por la gracia divina, y como una meta a la cual apuntar. Como doctrina bíblica pertenece más al Nuevo que al Antiguo Testamento, pero presupone el concepto fundamental de la santidad expresado en el Antiguo Testamento"[10] En el versículo 19, "santificación" está en contraposición a "inmundicia" e "iniquidad". Esto sugiere su sentido moral o ético. En el versículo 22 "santificación" es el "rendimiento" o "fruto" de haber sido libertados (acción pasada), y su "fin" es "vida eterna". Aquí el énfasis parece estar en el crecimiento cristiano.

Romanos 6:20-23 sintetiza las enseñanzas de Pablo sobre las consecuencias morales de la justificación por la fe. El describe los dos amos, las dos libertades, los dos frutos y los dos destinos.

Los *dos amos* son el pecado y la justicia. Las dos *libertades* son mutuamente exclusivas: el esclavo del pecado es libre de la justicia, y el esclavo de la justicia es libre del pecado. Los dos *rendimientos* o *frutos* son un comportamiento vergonzoso y la santificación. Los dos *fines* son la muerte y la vida eterna: "La paga del pecado es muerte, mas la dádiva de Dios es vida eterna en Cristo Jesús Señor nuestro" (6:23).

IV. Verdad para Hoy

1. *La fe cristiana estimula una actitud triunfante hacia el sufrimiento.*

Aunque es realista con respecto a la presencia del mal y del sufrimiento en el mundo, la actitud básica de los cristianos en la vida es positiva. Pero no es sin embargo un optimismo infundado. Más bien es que nos damos cuenta de que a menudo Dios usa nuestras situaciones más difíciles como seminarios de gracia. En tanto que dependemos de él ganamos nuevas experiencias en la suficiencia de su cuidado. Estamos agradecidos por las cualidades de paciencia, carácter probado, y esperanza que Dios desarrolla en nosotros por medio de la adversidad.

2. *Ni la culpa ni la salvación pueden heredarse.*

Ambas son intensamente personales. Ni podemos perdernos por el pecado de nuestro padre ni podemos ser salvos por la fe de nuestra madre. Pero seremos no obstante grandemente influidos por ambos. Dios nos considera a cada uno de nosotros responsables por nuestras elecciones morales y dedicaciones básicas. Pero él hace mucho más que eso: "Dios muestra su amor para con nosotros, en que siendo aún pecadores, Cristo murió por nosotros" (5:8).

3. *Nada de lo que Jesucristo logró con su muerte en la cruz ha hecho que el pecado deje de ser pecado.*

Al contrario, la cruz revela al pecado en su peor característica como una hostilidad desesperada hacia Dios. Por esta razón ninguna actitud ligera o casual hacia el pecado es compatible con la experiencia de la gracia de Dios. Tal vez nunca hemos hallado a alguien que profesa ser cristiano y sostiene que al continuar pecando le está haciendo un favor a Dios (6:1). Pero, ¿cuán a menudo justificamos conductas inferiores a las normas de la ley aduciendo que estamos bajo la gracia? (6:15). Sin embargo, todo lo que corresponde a la vida bajo la gracia excede a los requerimientos de la ley.

4. *La independencia es imposible.*

O somos siervos del pecado o somos siervos de Dios. No hay una tercera alternativa. No obstante, podemos escoger a quién servir, y en la elección correcta hallamos libertad. En verdad, mientras más nos esclavizamos a Dios mayor libertad conocemos.

Notas del Capítulo 5

[1] Con excepción de Santiago 1:9 y 4:16, Pablo es el único escritor del Nuevo Testamento que utiliza esta palabra.

[2] Hay un problema textual en Romanos 5:1 en relación con el verbo traducido "tenemos" *(echomen)*. Esta es la forma presente, activo, indicativo. Hay apoyo textual más fuerte para la forma presente, activo subjuntivo del verbo, "tengamos" *(echomen)*. La única diferencia entre estas dos formas es el volumen de la vocal de enlace "o". La forma indicativa tiene la "o" breve *(omicron)*, y la subjuntiva tiene la "o" larga *(omega)*. No parece recomendable permitir que así llamadas consideraciones teológicas tomen prioridad sobre las mayores evidencias de los manuscritos. La B-C sigue la forma subjuntiva, "mantengamos la paz". (Véase la nota al pie en la BJ.)

[3] La palabra griega es *prosagogen*. Algunos manuscritos añaden las palabras "por la fe" en Romanos 5:2. Así la RVR60 traduce "tenemos entrada por la fe".

[4] William Sanday and Arthur C. Headlam, *A Critical and Exegetical Commentary on the Epistle to the Romans*, The International Critical Commentary, 5th ed. (Edinburgh: T. and T. Clark, 1952), p. 121.

[5] Walter T. Conner, *The Gospel of Redemption*, (Nashville: Broadman Press, 1945), pp. 31, 32. Moody, *op. cit.*, p. 198, tiene también una buena afirmación: "No hay universalismo en la culpa sin responsabilidad personal, como no hay universalismo en la salvación sin fe personal."

[6] Herbert Haag, *Is Original Sin in Scripture?*, trad. Dorothy Thompson (New York: Sheed and Ward, 1969), p. 106.

[7] Barrett, *op. cit.*, p. 118.

[8] Taylor, *op. cit.*, p. 42. Igualmente Hunter, *op. cit.*, pp. 158, 159.

[9] Manson, *op. cit.*, p. 945. Asimismo, Barrett, *op. cit.*, p. 125; y Moody, *op. cit.*, p. 200.

[10] E. C. Blackman, "Sanctification," *The Interpreter's Dictionary of the Bible*, p. 210.

Actividades para el Aprendizaje Personal

Marque las respuestas

1. En Romanos 5:1-11 la palabra "gloriarse" es una palabra clave. De la lista que sigue elija las palabras que Pablo señalaba como las causas para el gloriarse del cristiano:

__ (1) Prosperidad	__ (4) Esperanza
__ (2) Amigos	__ (5) Sufrimientos
__ (3) Salud	__ (6) Dios

2. Según Romanos 5:1, 2, la fe en Jesucristo establece una nueva relación con Dios que se caracteriza por ________, ________, y ________ (elija las palabras de la lista que sigue):

(1) Entrada
(2) Gratitud
(3) Paz
(4) Gozo
(5) Esperanza
(6) Libertad

3. En Romanos 5:5 Pablo enseña que el don de Dios de el ______ ______ al cristiano le ayuda a soportar el peso de la adversidad.
4. Romanos 5:12-21 enseña (elija las respuestas correctas):
   __ (1) Cada persona es responsable por su propio pecado.
   __ (2) El individuo peca porque Adán pecó.
   __ (3) Uno es reconciliado con Dios por medio de su fe personal en Cristo.
   __ (4) El hecho de que Cristo murió por todos significa que todos serán salvos.
   __ (5) La esencia de Romanos 5:12-21 es el alcance universal de la obra de Cristo por medio de la cruz.
5. ¿Verdadero o Falso? En la época del Nuevo Testamento el bautismo era a la vez el momento y el modo de confesión por el cual uno profesaba ser un discípulo de Jesucristo por medio de la fe.

Respuestas:
1. (4), (5), (6); 2. (1), (3), (5); 3. Espíritu Santo; 4. (1), (3), (5); Verdadero.

Capítulo 6

Viviendo en el Espíritu

Romanos 7:1—8:39

En Romanos 7:5 Pablo escribe: "Mientras estábamos en la carne, las pasiones pecaminosas que eran por la ley obraban en nuestros miembros llevando fruto para muerte." Aquí él miraba hacia un tiempo pasado, antes de haber él y sus lectores llegado a ser cristianos. Describe una situación de vida caracterizada por el pecado, la ley y la muerte. Este versículo, en una forma notable, sugiere el contenido de Romanos 7:7-25, porque los mismos tres elementos dominan en el pasaje más amplio. Por ser esto así, Romanos 7:7-25 parece servir como un comentario del v. 5.

En Romanos 7:6 Pablo continúa: "Pero ahora estamos libres de la ley, por haber muerto para aquella en que estábamos sujetos, de modo que sirvamos bajo el régimen nuevo del Espíritu y no bajo el régimen viejo de la letra." La introducción "pero ahora" coloca este versículo en marcado contraste con el precedente. Aquí Pablo está describiendo las circunstancias presentes de ellos como cristianos. Eran libres de la ley; habían muerto a aquellas cosas que antes les sujetaban; y estaban sirviendo bajo el régimen nuevo del Espíritu. Así como el versículo 5 sugiere el contenido de Romanos 7:7-25, así el versículo 6 sugiere el contenido de Romanos 8:1-39. Los énfasis que se encuentran en el versículo 6 dominan el último pasaje mencionado. También Romanos 8:1-39 parece servir como un comentario del versículo 6, así como Romanos 7:7-25 parece hacerlo con el versículo 5.

Este contraste entre "entonces" y "ahora" en los versículos 5 y 6 debe ser notado. Debería predisponernos a esperar el mismo contraste entre Romanos 7:7-25 y 8:1-39. El primero trata de la vida bajo la ley, de la cual los cristianos han sido librados. El último pasaje, uno de los más grandes de la Biblia, detalla la vida en el Espíritu.

En Romanos 8 llega a su culminación la discusión de Pablo sobre la liberación por parte de Dios de los hombres pecadores, por su gracia.

I. Libertad de la Ley (7:1-25)

1. *Muertos a la Ley (7:1-6)*

En estos versículos Pablo enseña que los cristianos han muerto a la ley.

De modo que ya la ley no ejerce autoridad sobre ellos.

En el versículo 1 se sienta el principio de que la ley ejerce señorío sobre el hombre solamente entre tanto que él vive. La muerte cancela los derechos de la ley sobre él.

Para ilustrar este principio Pablo presenta una metáfora del matrimonio: "La mujer casada está sujeta por la ley al marido mientras éste vive; pero si el marido muere, ella queda libre de la ley del marido" (7:2). Si ella vive con otro hombre mientras vive su marido, ella será llamada adúltera. Pero la muerte del marido cancela los derechos de la ley sobre ella. Ella es libre de casarse con otro hombre (7:3).

Entonces Pablo aplica la metáfora al asunto en discusión, es decir, la relación del cristiano a la ley: "Así también vosotros, hermanos míos, habéis muerto a la ley mediante el cuerpo de Cristo, para que seáis de otro, del que resucitó de los muertos, a fin de que llevemos fruto para Dios" (7:4).

Hay que admitir la existencia de cierta dificultad en la aplicación de Pablo. En la ilustración es el marido el que muere y la esposa la que queda en libertad de casarse de nuevo. Pero en la aplicación son los convertidos, representados por la esposa, los que "mueren a la ley mediante el cuerpo de Cristo". Y habiendo muerto, quedaban libres para unirse a otro, es decir, Cristo.

Este pasaje no es tan llano como su contraparte en Romanos 6:1-4. Allí los creyentes *morían al pecado* cuando eran sepultados con Cristo por el bautismo para muerte. Como Cristo resucitó de los muertos, así ellos andaban en novedad de vida. Aquí los creyentes *mueren a la ley* por medio de su identificación con Cristo en su muerte. Así son libres para pertenecer a otro, a aquel que fue levantado de los muertos. Y están destinados a llevar fruto para Dios. Las semejanzas entre los dos pasajes son notables aunque la aplicación de la metáfora marital es menos obvia.

2. *La Ley y el Pecado (7:7-25)*

Ningún pasaje en la carta a los Romanos ha sido interpretado de maneras más variadas que éste. Por ejemplo, los eruditos difieren en cuanto a la naturaleza de las referencias personales en estos versículos. Algunos piensan que son autobiográficos, dando vistazos íntimos de la experiencia religiosa de Pablo. De este modo Dodd expresa: "Ciertamente, cuando él describe experiencias religiosas, sus pasajes "Yo" llevan la señal inconfundible de la autobiografía."[1] Otros están igualmente seguros de que no son autobiográficos. En cambio sostienen que Pablo adopta el recurso "Yo" como una referencia general a todos. Así, Bornkamm sostiene: "En realidad el "Yo" en Romanos 7 representa a los hombres sin Cristo, sujetos a la ley, el pecado, y la muerte, en un extremo que por supuesto sólo puede ser medido a la luz del evangelio."[2]

Aun entre aquellos que están de acuerdo en que el pasaje es autobiográfico subsisten marcadas diferencias. Algunos sostienen que Pablo describe aquí sus experiencias antes de llegar a ser cristiano. Dodd rotula el relato "una auténtica transcripción de la propia experiencia de Pablo durante el período que culminó en su visión en el camino a Damasco."[3] Es decir que Pablo el cristiano, discute la vida bajo la ley a la luz de su experiencia anterior como Saulo el fariseo. Otros afirman que Pablo está expresando sus luchas presentes de cristiano. Un hábil defensor de este criterio es Nygren. El sostiene que aunque Pablo pertenecía al nuevo eón todavía vivía en el viejo eón, "en la carne". Por ello eran inevitables tales tensiones y conflictos para quien vivía entre los tiempos.[4]

Aún hay otros que proponen una amplia interpretación de Romanos 7:14-25 que trasciende los períodos "entonces" y "ahora" de la experiencia religiosa de Pablo. C. Leslie Mitton, por ejemplo, encuentra en este pasaje una descripción de cualquier hombre que esté tratando de hacer el bien pero no "en Cristo".[5]

Cuando eruditos dedicados difieren tan ampliamente en su apreciación de un pasaje, podemos sospechar que las evidencias no son conclusivas. En tales casos nosotros podemos ofrecer nuestras opiniones y participar en animados intercambios. Pero las evidencias están divididas muy parejo, o son ambiguas como para sostener definiciones dogmáticas.

La mayor parte de las discusiones sobre Romanos 7:7-25 giran alrededor de los siguientes aspectos: (1) El uso de los pronombres personales "yo", "me" y "mi" es frecuente. Si uno la subraya cada vez que aparece una de estas palabras en el pasaje, este aspecto se hace altamente visible. (2) Los tiempos de verbo cambian del pasado al presente en los versículos 14-25. Normalmente los tiempos presentes describen acciones en progreso al momento de estar escribiendo. No obstante pueden también ser usados para hacer más vívido algo que ocurrió en el pasado. (3) En los versículos 14-25 se describe una intensa lucha personal. Algunos intérpretes consideran que Pablo fue un fariseo demasiado bueno para que esta descripción pueda ser aplicada a su vida anterior en el judaísmo. (Véase Gá. 1:13, 14; Fil. 3:4-6). ¡Evidentemente los celosos fariseos nunca sintieron frustración o desesperación cuando se confrontaban con las demandas en la ley! Otros piensan que era un cristiano demasiado bueno para pasar por la impotencia y la desesperación de los versículos 14 al 25. (4) La segunda mitad de Romanos 7:25 parece ser un anticlímax. Parece como la resignación a un lúgubre empate inmediatamente después de haberse proclamado la victoria.

Las siguientes suposiciones sostienen la interpretación de Romanos 7:7-25 que se aventura en estas páginas. 1a. *Tema:* Pablo discute aquí la relación del cristiano con la ley (7:1-6) y entonces muestra la relación de la ley con el pecado (7:7-25). Caracteriza su presentación una fuerte defensa de la ley como un instrumento dado por Dios. 2a. *Fondo*: Cuando Pablo escribe estas líneas él es un misionero cristiano. Antes había sido un fariseo, muy preocupado por el avance de la causa del judaísmo. Cuando describe el esfuerzo para alcanzar una justicia basada en la ley, lo hace extrayendo de sus recuerdos personales. Hasta este punto el pasaje es autobiográfico. No obstante, es exagerado sostener que "la autobiografía de Pablo es la biografía de cada individuo".[6] No es la biografía de los entregados a la lujuria pagana descritos en Romanos 1:28-32. Más bien tiene más en común con Romanos 2:1 al 3:8, donde Pablo describe al judío consciente de la tradición. Antes de su conversión Pablo era un hombre profundamente religioso. 3a. *Pre-o-pos-conversión:* Cuando se lee Romanos

7:14-25 aisladamente, parece como si Pablo estuviera describiendo su experiencia presente como cristiano. Pero cuando se lee en el contexto total de Romanos 5:1 al 8:39, parece pertenecer a su experiencia anterior como fariseo. Cualquiera de estas dos interpretaciones nos deja con dificultades sin solución. La impotencia total y abyecta desesperación de Romanos 7:14-25 contrastan marcadamente con las triunfantes afirmaciones de Romanos 5:1-5; 6:1-11, 14, 17-19, 22; 7:4-6; y 8:1-4.

Ahora dirijamos nuestra atención a un breve análisis de este pasaje difícil. Pablo lo comienza con una pregunta: "¿Qué diremos, pues? ¿La ley es pecado? En ninguna manera" (7:7). Esta es una pregunta que da sobresalto. La necesidad de hacerla surgió del párrafo anterior (7:4-6). Allí Pablo enseñó que los cristianos habían muerto a la ley (7:4; véase 6:4, donde enseñó que habían muerto al pecado). El describió la vida anterior en la carne como una época en que sus pasiones pecaminosas habían sido despertadas por la ley (7:5). Habían llevado fruto para muerte. Y declaró que los cristianos habían sido libertados de la ley. Ahora eran libres para servir en la novedad de vida del Espíritu más bien que bajo el viejo código escrito (7:6). En todas estas referencias la ley estaba ligada estrechamente con el pecado. Pero la respuesta de Pablo a su propia pregunta es un enfático: "En ninguna manera". (7:7). Cualquier identificación de la ley con el pecado era para él una ofensiva distorsión.

No obstante, Pablo observaba una relación entre la ley y el pecado, y busca explicarla en los versículos 7 al 11. Expresa su respuesta en forma de un testimonio personal: "Pero yo no conocí el pecado sino por la ley; porque tampoco conociera la codicia, si la ley no dijera: No codiciarás" (7:7). Esta cita es el décimo mandamiento. Una lectura de Exodo 20:17 y Deuteronomio 5:21 revelará que Pablo omite los objetos de codicia enumerados en los textos. Sobre la base de esta referencia algunos intérpretes han supuesto que Pablo tenía un problema particular con este mandamiento. Esta parece una idea insubstancial. Pablo está diciendo que por medio de la ley él había llegado a un conocimiento del pecado (véase Ro. 3:20; 4:15; 5:13; Gá. 3:19). Esta es una función importante en la acción de la ley.

Más allá de esta percepción Pablo indica que la ley había despertado en él el impulso al pecado: "El pecado, tomando ocasión por el mandamiento, produjo en mí toda codicia; porque sin la ley, el pecado está muerto" (7:8). La palabra traducida "ocasión" (griego *aphor-*

men) aquí y en el versículo 11 es un término militar que designa una base de operaciones.

Un pastor había estado predicando una serie de sermones sobre los Diez Mandamientos. Hacia el final de la serie una de las ancianas santas de la iglesia le dijo: "Tengo algo en contra de los Diez Mandamientos." Cuando el pastor preguntó cuál era la causa de su queja, ella contestó con una sonrisa: "Los encuentro del todo demasiado insinuantes."

En Romanos 5:20 Pablo dijo que "la ley se introdujo para que el pecado abundase", y dio testimonio de esta extraña acción de la ley.

Al trazar su experiencia con respecto a la ley y el pecado en Romanos 7:9-11, ¿tenía Pablo en la mente el relato de la caída en Génesis? Así lo han pensado algunos intérpretes. Nótese la relación entre las palabras de Pablo y los cinco pasos básicos en Génesis 2 y 3:

Inocencia — "Yo sin la ley vivía en un tiempo" (7:9)

Mandamiento — "Venido el mandamiento" (7:9)

Tentación — "El pecado revivió" (7:9)

Pecado — "El pecado, tomando ocasión por el mandamiento, me engañó" (7:11)

Muerte — "Y por él me mató" (7:11; véase también v. 10).

Pablo había sentido tanto el conocimiento como el despertar del pecado por medio de su encuentro con la ley. No obstante, defendía el carácter de ella: "La ley . . . es santa, y el mandamiento santo, justo y bueno" (7:12).

Habiendo mostrado cómo el pecado había hallado en el mandamiento una base de operaciones para muerte, Pablo suscita una segunda pregunta: "¿Luego lo que es bueno, vino a ser muerte para mí? En ninguna manera; sino que el pecado, para mostrarse pecado, produjo en mí la muerte por medio de lo que es bueno, a fin de que por el mandamiento el pecado llegase a ser sobremanera pecaminoso" (7:13).

El culpable era el pecado, no la ley. Y por la ley Pablo llegó a percatarse de cuán sobremanera pecaminoso era el pecado. Suponga que el pecado pudiera llevar a cabo su obra solamente por medios pecaminosos. Eso sería bastante malo. Pero un rasgo terrible del pecado es que puede lograr sus fines por medio de lo que es bueno. Puede tomar algo tan bueno como la ley de Dios y por medio de ella llevar a cabo la muerte.

Aquí Pablo cambia del tiempo pasado al presente al continuar explicando la relación entre la ley y el pecado: "Sabemos que la ley es espiritual; mas yo soy carnal, vendido al pecado" (7:14). Esta es una afirmación poderosa. Nuevamente Pablo defiende la ley. Afirma que es espiritual: Dios es su origen, y es de carácter espiritual. De modo que la ley no fue la causa de la muerte; fue el pecado. Y el pecado tiene sus raíces profundas en el hombre carnal, "estando en la carne" (7:5). "Vendido al pecado" quiere decir comprado y entregado al pecado, como un esclavo a un amo. Este mismo verbo (griego: *piprasko*) fue utilizado en Mateo 18:25 para describir a un deudor vendido a esclavitud.

Un esclavo no puede actuar por su propia voluntad. Está obligado a obedecer a su amo. Sus deseos nobles serán dominados y aplastados por el que es su dueño. Por medio de esta metáfora de la esclavitud Pablo explica por qué él era incapaz de obedecer la ley. Esclavo del pecado, comprado y pagado, tenía que hacer la voluntad de su amo. No importaba cuánto se deleitara en la ley de Dios, no tenía poder para cumplirla. Era obligado a hacer lo que aborrecía: "No hago lo que quiero, sino lo que aborrezco, eso hago" (7:15). "Y yo sé que en mí, esto es, en mi carne, no mora el bien; porque el querer el bien está en mí, pero no el hacerlo. Porque no hago el bien que quiero, sino el mal que no quiero, eso hago" (7:18, 19).

En los versículos 21-25 Pablo culmina el relato de la lucha en su vida entre la ley de Dios y la ley del pecado. Ambas leyes contendían por dominarlo. Pablo no presentaba un campo de batalla neutral. Estaba más bien profundamente inclinado en favor de la ley de Dios, en la cual se deleitaba. En lo más íntimo de su ser, apelaba a él y él aspiraba a cumplirla (7:22). Pero la ley del pecado no lo permitía. Esta temible ley extraña guerreaba contra la ley de Dios en Pablo y le hacía cautivo (7:23). Como un preso, clamaba por liberación: "¡Miserable de mí! ¿Quién me librará de este cuerpo de muerte?" (7:24). E inmediatamente da la triunfante respuesta: "¡Gracias doy a Dios, por Jesucristo Señor nuestro!" (7:25).

La última parte del versículo 25 parece un anticlímax: "Así que, yo mismo con la mente sirvo a la ley de Dios, mas con la carne a la ley del pecado." Esta oración es una nueva expresión del conflicto presentado en los versículos 14 al 24. Los intérpretes que ven en el pasaje más extenso una descripción de las luchas de Pablo como cristiano tienen mucho menos problemas con este versículo.

Miremos ahora nuevamente a Romanos 7:14-25 y preguntémonos: ¿Describe Pablo aquí su experiencia anterior como la de un fariseo que buscaba alcanzar la justicia basada en la ley? ¿O pinta sus luchas presentes como un cristiano que ha tenido un goce anticipado del siglo venidero pero se encuentra atrapado en las tensiones del presente siglo malo? ¿O indica la experiencia tanto del judío que busca la justificación por la fe como la del cristiano que reincide en el legalismo? Ahora comprenderá usted por qué Nygren dice de este pasaje: "Nos presenta uno de los más grandes problemas del Nuevo Testamento. Ya se lo reconocía en el primer siglo cristiano, y desde entonces ha seguido lo mismo."[7]

Y sin embargo, si la frase "Yo soy carnal, vendido al pecado" (7:14) describe la vida de Pablo como cristiano, ¿qué haremos con Romanos 6:14: "El pecado no se enseñoreará de vosotros; pues no estáis bajo la ley, sino bajo la gracia?" ¿No debiera haber escrito Pablo: "El pecado seguirá teniendo dominio sobre vosotros, aunque no estáis bajo la ley sino bajo la gracia"? ¿Y qué respecto a Romanos 6:22, "Mas ahora que habéis sido libertados del pecado y hechos siervos de Dios, tenéis por vuestro fruto la santificación, y por fin, la vida eterna"? ¿Debiera Pablo haber escrito: "Aunque habéis sido libertados del pecado y hechos siervos de Dios tenéis por vuestro fruto una continua esclavitud al pecado, vuestro amo permanente, y por fin el clamor de desesperación"?

La idea de la perfección sin pecado es una distorsión de la doctrina bíblica de la santificación, tanto como lo es la de la imperfección pecaminosa.

No es propio señalar a Gálatas 5:17 para sostener que Romanos 7:14-25 es una descripción de la experiencia cristiana de Pablo. Uno se pregunta por qué al hacer tal relación se omite el versículo anterior. Gálatas 5:16 dice: "Ahora digo, seguid andando en el Espíritu, y bajo ninguna circunstancia cumpliréis los deseos de la carne" (versión del autor). ¡Qué tremenda promesa de victoria, aquí y ahora, para el cristiano! El versículo siguiente, Gálatas 5:17, da una razón para continuar andando en el Espíritu, vale decir, la siempre presente tensión entre la vieja naturaleza carnal y el Espíritu que mora en el cristiano. Sí, es cierto, la lucha y el conflicto son propios de la experiencia cristiana, pero no lo son la derrota y la desesperación.

II. La Vida Nueva del Espíritu (8:1-39)

La palabra griega traducida "Espíritu" o "espíritu" (griego: *pneuma*) aparece veintidós veces en Romanos 8. De estas veintidós referencias hay dieciocho con mayúscula, indicando así el Espíritu Santo.[8] Hay por lo menos dieciocho, y posiblemente veinte, referencias al Espíritu Santo en este solo pasaje. Esto significa que hay más referencias al Espíritu Santo en Romanos 8 que en ningún otro pasaje de las cartas de Pablo. (1 Co. 12 está en segundo lugar con doce). Esto es aún más notable en vista de que él utilizó el término "Espíritu" o "espíritu" sólo cinco veces en Romanos 1-7 (1:4, 9; 2:29; 5:5; 7:6). Aquí en este capítulo tenemos la discusión más completa de Pablo sobre la nueva vida del Espíritu. Incluye los siguientes aspectos: 1. *liberación* (vv. 1-11); 2. *adopción* (vv. 12-17); 3. *esperanza* (vv. 18-25); 4. *intercesión* (vv. 26, 27); 5. *cuidado* (vv. 28-30); y 6. *seguridad* (vv. 31-39).

1. *Liberación (8:1-11)*

La nueva vida del Espíritu trae liberación de una vieja servidumbre al pecado y a la muerte. Por ello Pablo lanza esta porción de su carta con una poderosa declaración de libertad: "Ahora, pues, ninguna condenación hay para los que están en Cristo Jesús, los que no andan conforme a la carne, sino conforme al Espíritu. Porque la ley del Espíritu de vida en Cristo Jesús me ha librado de la ley del pecado y de la muerte" (8:1, 2).

Obsérvense las dos leyes mencionadas aquí. Una es la ley del pecado y de la muerte. Su obra está descrita en Romanos 7:14-25. Siempre está muy cerca, lista para desafiar todo deseo de hacer el bien (7:21). Abruma con una guerra encarnizada hasta esclavizar a aquel que lucha para cumplir la ley de Dios (7:22, 23). Le reduce a la impotencia y arranca el grito de desesperación de su corazón (7:24). Pero todo esto ha cambiado por la segunda ley, que Pablo describe como "la ley del Espíritu de vida en Cristo Jesús" (8:2). Quebranta el dominio de la vieja ley del pecado y de la muerte. Por medio de Jesucristo los hombres son libertados.

El versículo 3 nos dice cómo ocurre esto. Nuevamente Pablo menciona la limitación que la ley impone por la debilidad del hombre pecador. (Véase 7:7, 12, 14). Aunque dada por Dios, la ley no puede proporcionar al hombre poder moral para obedecer sus requerimientos. Pero Dios ha actuado en favor del hombre: "Dios ha hecho lo que la ley, debilitada por la carne, no podía hacer: enviando a su propio Hijo en semejanza de carne de pecado, condenó al pecado en la carne" (8:3, versión del autor).

Mucho del evangelio se encuentra en este versículo. Aquí Dios no es el Padre enojado que espera que su ira contra el hombre sea apaciguada por la intervención de su bondadoso Hijo. Antes bien, Dios el Padre actúa en favor del hombre pecador enviando a su Hijo. Y el modo en que Cristo viene se describe en la frase "en semejanza de carne de pecado". Esto es la *encarnación.* Jesucristo, el Hijo de Dios, se hizo uno con nosotros en nuestra humanidad. El vivió entre nosotros una vida verdadera de carne y sangre. Pablo tiene cuidado de declarar esta verdad de un modo que reconoce la impecabilidad de Cristo. Venir "en semejanza de carne de pecado" no significa que él vino como un pecador. Pablo hubiese considerado blasfemia una declaración semejante. Más bien Cristo vino "por el pecado", como una ofrenda por el pecado. Esto es la *expiación.* Por medio del sacrificio de su muerte en la cruz, él logró nuestra liberación al condenar al pecado en la carne.

Es decir, la carne era el dominio en que el pecado reinaba. En su encarnación Cristo invadió el trágico dominio del pecado, su reinado. En su muerte en la cruz él soportó toda la furia del poder devastador del pecado. Y por medio del triunfo de su muerte y resurrección, condenó al pecado allí donde estaba atrincherado. Esta es una metáfora legal. Significa que Dios emitió una sentencia sobre el pecado en el terreno mismo que él reclamaba.

El lo hizo "para que la justicia de la ley se cumpliese en nosotros, que no andamos conforme a la carne, sino conforme al Espíritu" (8:4).

Pablo no enseña que los hombres, investidos con el poder del Espíritu, se salvan por guardar la ley. Esta enseñanza todavía sería justificación por las obras. El enseña más bien que los requerimientos de Dios por la ley son ahora posibles para el hombre por medio del poder del Espíritu que mora en él. Obrando desde el interior, el Espíritu incita a una conducta que la ley, confrontando desde afuera, no puede imponer.

En los versículos 5-11 Pablo establece varios contrastes entre la vieja vida gobernada por la carne y la nueva vida del Espíritu. (Véase Gá. 5:19-24). Nótese lo que dice acerca de aquellos cuyas vidas estaban dominadas por la vieja naturaleza pecaminosa. Ellos "piensan en las cosas de la carne" (8:5). Lo hacen a pesar de que "el ocuparse de la carne es muerte" (8:6). Son hostiles hacia Dios, considerándole un enemigo. No se sujetan a la ley de Dios; ciertamente no pueden (8:7). "Y los que viven según la carne no pueden agradar a Dios" (8:8). Sin embargo, en este desagrado está en juego un destino eterno.

Por otra parte, "Los que son del Espíritu, (piensan) en las cosas del Espíritu" (8:5). Y hacerlo "es vida y paz" (8:6). El Espíritu de Dios mora en ellos, y esto certifica que ellos pertenecen a Cristo (8:9).[9] Sus cuerpos están muertos, o posiblemente sujetos a muerte, a causa del pecado. Pero el Espíritu, que es vida, les imparte vida porque ellos han sido justificados, (8:10).[10] Y ellos tienen una esperanza cierta para el futuro basada en la resurrección de Cristo de entre los muertos (8:11; véase 1 Co. 15:35-58).

2. *Adopción (8:12-17)*

Los que han experimentado la liberación descrita en Romanos 8:1-11 están bajo la obligación de no vivir "conforme a la carne" (8:12). Porque la vieja vida carnal es opuesta, tanto en carácter como en destino, a la nueva vida en el Espíritu: "Si vivís conforme a la carne, moriréis; mas si por el Espíritu hacéis morir las obras de la carne, viviréis" (8:13).

Un paralelo exacto de la segunda cláusula del versículo 13 hubiera sido: "Pero si vivís conforme al Espíritu, viviréis." Pero en la fraseología que Pablo utiliza se revelan importantes discernimientos con respecto a la vida cristiana. Primeramente, quedan obras de la carne que deben ser entregadas a muerte. Esto indica una continua lucha y conflicto. En Colosenses 3:5 Pablo escribe: "Haced morir, pues, lo terrenal en vosotros: fornicación, impureza, pasiones desordenadas, malos deseos y avaricia que es idolatría." Y en Gálatas 5:24 enseña: "Los que son de Cristo han crucificado la carne con sus pasiones y deseos." En segundo lugar, el cristiano no libra solo esta batalla. Más bien lo hace "por el Espíritu". La persona que aspira a alcanzar la justicia señalada en la ley por medio de su propia fuerza moral, está condenada a la derrota. No puede competir con el gran poder del pecado. Llevado a la cautividad, sólo puede clamar por liberación.

Pero ya el rescate ha ocurrido. El cristiano en quien mora el Espíritu de Dios ha recibido poder al volver a la pelea. Los gritos que se oyen son gritos del campo de batalla, donde la victoria final está asegurada. No son gritos de desesperación desde los calabozos del pecado, donde la derrota es inevitable.

Desde esta conclusión de los dos caminos —carne y Espíritu— en los versículos 12 y 13, Pablo prosigue al tema de la adopción. Primeramente, describe la *prueba* de la adopción: "Todos los que son guiados por el Espíritu de Dios, éstos son hijos de Dios" (8:14). No hay evidencia de nuestra relación filial con Dios que exceda a ésta. Una respuesta diaria a la dirección del Espíritu indica a quién pertenece uno. Este es un criterio más digno de confianza que nuestros altibajos emocionales.

En segundo lugar, Pablo señala el *privilegio* de la adopción, es decir, el derecho a dirigirnos a Dios como "¡Abba, Padre!" (8:15). *Abba* es la palabra aramea por "padre". Es la palabra íntima con la que el niño de un hogar judío se dirigía a su papá.[11] Sólo aparece tres veces en el Nuevo Testamento: Romanos 8:15; Gálatas 4:6 y Marcos 14:36. La última referencia es cuando Jesús la utilizó al clamar a Dios en Getsemaní. Ninguna otra palabra es más adecuada que ésta para designar la relación cálida y personal con Dios hecha posible por su gracia. Es lo contrario al espíritu de esclavitud, con su rastrero temor, que caracteriza a toda religión legalista.

La palabra traducida "filiación" o "adopción" (griego: *huiothesia*) en el versículo 15 aparece sólo cinco veces en el Nuevo Testamento. Todas se hallan en las cartas de Pablo (véase Ro. 8:15, 23; 9:4; Gá. 4:5; Ef. 1:5). La Septuaginta no presenta el uso de esta palabra porque los judíos no practicaban la adopción. Pablo halló la costumbre en la sociedad grecorromana.

Pablo enseña que el Espíritu nos hace hijos de Dios.

En tercer lugar, indica la *seguridad* de la adopción. "El Espíritu mismo da testimonio a nuestro espíritu, de que somos hijos de Dios. Y si hijos, también herederos; herederos de Dios y coherederos con Cristo, si es que padecemos juntamente con él, para que juntamente con él seamos glorificados" (8:16, 17). Obsérvese aquí el énfasis de Pablo en la participación de los sufrimientos de Cristo. (Véase Fil. 1:29; 3:10; Col. 1:24). Estas no son las adversidades comunes a la humanidad que nos vienen, por ejemplo, enfermedades, desgracias, o pérdida del empleo por una depresión. Son más bien los sufrimientos en que incurrimos por estar siguiendo a Cristo.

3. *Esperanza (8:18-25).*

En el versículo precedente Pablo ha presentado el pensamiento de la participación del cristiano en los sufrimientos y la gloria de Cristo (8:17). Esto sugiere el tema para el pasaje presente, es decir, la relación entre el sufrimiento y la gloria en la experiencia cristiana. En la explicación que Pablo da, tenemos una de las más grandes declaraciones acerca de la esperanza que se encuentran en el Nuevo Testamento: Su alcance es tan grandioso que abarca el destino de todo el orden creado.[12]

Pablo comienza: "Tengo por cierto que las aflicciones del tiempo presente no son comparables con la gloria venidera que en nosotros ha de manifestarse" (8:18). Uno sólo tiene que leer pasajes tales como 2 Corintios 1:8-10; 4:7-12, 16-18; 11:23 al 12:10 para darse cuenta de cuánto había sufrido Pablo en el servicio de Cristo. Aun mientras escribe Romanos se está preparando para partir en una misión a Jerusalén donde su vida correrá peligro. Sin embargo, ninguna de estas pruebas merecía mencionarse al mismo tiempo que la gloria venidera.

En los versículos 19-22 Pablo describe la participación de la creación tanto en la esclavitud del hombre como en su esperanza de redención. Génesis 3:1-17 proporciona el antecedente para esta discusión. Nótese lo que dice Pablo con respecto a la creación: (1) Aguarda la manifestación de los hijos de Dios (8:19). (2) Fue sujetada a vanidad, no por su propia voluntad, sino por causa del que la sujetó en esperanza (8:20). Algunos intérpretes han propuesto a Adán o Satanás como el agente de la sujeción, pero si es así, ¿cómo explica uno las palabras "en esperanza"? (3) Está destinada a ser libertada de la esclavitud de corrupción y a participar en la libertad gloriosa de los hijos de Dios (8:21). (4) Hasta ahora gime y está con dolores de parto (8:22).

En los versículos 23-25 Pablo resume su discusión de la suerte de los cristianos en medio de las pruebas presentes. Como la creación, nosotros también gemimos interiormente mientras esperamos el día final. Somos contristados por la evidencia en la naturaleza de la servidumbre del hombre al pecado. Suspiramos por la adopción plena como hijos que se verificará en la resurrección. Y lo hacemos como quienes ya han recibido las primicias del Espíritu. (Véase Lv. 23:15-21). Esta es la promesa de Dios de nuestro triunfo completo al final, con Cristo.

Al presente esta es una esperanza (8:24) que aguardamos con paciencia (8:25).

4. *Intercesión (8:26, 27)*

La nueva vida en el Espíritu nos ayuda en nuestras oraciones. En nuestra debilidad no sabemos orar como debemos. Esto fue así en el pasado con hombres a quienes Dios usó grandemente. Abraham, por ejemplo, oró que Sodoma fuera perdonada, pero fue destruida (Gn. 18:23-33). Moisés oró le fuera permitido entrar a Canaán, pero no le fue concedido (Dt. 3:23-27). Pablo mismo oró para que le fuera quitada una espina en la carne, pero Dios no se la quitó (2. Co. 12:7-10). En esta esfera de necesidad, el Espíritu viene con su ministerio de ayuda en nuestras oraciones: "De igual manera el Espíritu nos ayuda en nuestra debilidad; pues qué hemos de pedir como conviene, no lo sabemos, pero el Espíritu mismo intercede por nosotros con gemidos indecibles" (8:26).

Las palabras traducidas "con gemidos indecibles" (griego: *stenagmois alalotois*) constituyen un problema para el intérprete. Como están traducidas, se aplican al Espíritu. Es decir, el Espíritu intercede por nosotros con gemidos que no pueden articularse (o posiblemente expresarse). Este parece ser el sentido más natural del pasaje. Pero una traducción inglesa da la idea que a través de nuestros gemidos inarticulados el mismo Espíritu está rogando por nosotros. Aquí son los adoradores quienes suspiran y gimen. Bajo alguna abrumadora necesidad emocional, la labor del lenguaje ordinario es insuficiente. Entonces la carga de la oración sólo puede expresarse por medio de suspiros inarticulados. El Espíritu, no obstante, comprende el significado de nuestros suspiros y a través de ellos aboga nuestra causa ante el Padre. Y el Dios "que escudriña los corazones sabe cuál es la intención del Espíritu, porque conforme a la voluntad de Dios intercede por los santos" (8:27).

En este pasaje se enseña claramente nuestra ignorancia en la oración y la intercesión del Espíritu a nuestro favor. Pero la frase en cuestión permite una u otra interpretación.

5. *Cuidado (8:28-30)*

En este pasaje se encuentra una de las más grandes promesas de la Biblia: "Y sabemos que a los que aman a Dios, todas las cosas les ayudan a bien, esto es, a los que conforme a su propósito son llamados" (8:28).

Obsérvese que no dice este versículo que todas las cosas ayudan a bien para todos. Muchos hombres viven en abierta rebelión contra Dios. Otros, en completa indiferencia a sus demandas. Suponer que su rebeldía les ayuda a bien es proponer una contradicción moral. Porque el pecado en los corazones de los hombres es una realidad para Dios. Ciertamente, en Romanos 1:18 Pablo escribió: "La ira de Dios se revela desde el cielo contra toda impiedad e injusticia de los hombres que detienen con injusticia la verdad." Y en Romanos 6:23 él amonestaba: "La paga del pecado es muerte."

El pasaje especifica para quiénes es la promesa de este versículo cuando dice: "A los que aman a Dios... a los que conforme a su propósito son llamados" (8:28). La primera cláusula parece indicar como si la iniciativa partiese del hombre. Es decir, que como consecuencia del amor del hombre hacia Dios, todas las cosas ayudan a bien. Pero la segunda cláusula reconoce que Dios toma la iniciativa en nuestra conversión. El nos llama por su gracia y conforme a su propósito. Nosotros respondemos con fe a la gracia que Dios nos extiende. Para quienes responden con amor al amor de Dios y para quienes responden con fe al llamado de Dios, para ellos la promesa es cierta.

Pero, ¿cuál es el "bien" prometido? La respuesta se halla en el versículo 29: "A los que antes conoció, también los predestinó para que fuesen hechos conforme a la imagen de su Hijo, para que él sea el primogénito entre muchos hermanos." Lo que Dios busca en cada uno de nosotros es una creciente conformidad a la imagen de Jesucristo. Esta es su voluntad para todos los que están en la familia de la gracia. Y Dios busca ordenar nuestras vidas para lograr este elevado propósito.

El mal y la tragedia son reales en el mundo, y a veces el pueblo de Dios sufre dolores aplastantes. Debemos abstenernos de atribuir a la voluntad de Dios aquello que no concuerda con la revelación que tenemos de él en Cristo. Dios no es responsable de los crímenes terribles. Los hombres pecadores lo son. Suceden porque la voluntad de Dios es flagrantemente violada.

Sin embargo, los recursos y el amor de Dios son tan grandes que él puede predominar en las tragedias que sufrimos. Sean dolores y lágrimas, o alegrías y risas, él puede obrar por medio de ellas para hacernos cada vez más como Jesucristo. Y esto es lo que significa la gracia de Dios. Mientras mayor sea la familia de los hijos de Dios, mayor es el honor de su Hijo en ser el primogénito.

En el versículo 30 Pablo construye un puente entre la eternidad pasada y la futura con su majestuoso resumen del propósito redentor de Dios: "A los que predestinó, a éstos también llamó; y a los que llamó, a éstos también justificó; y a los que justificó, a éstos también glorificó." Hay cuatro poderosos tramos en este puente. *Predestinación* es la gracia intencional de Dios obrando desde antes de la fundación del mundo. *Llamado* y *justificación* son la gracia de Dios confrontándonos y reconciliándonos consigo mismo en medio de la historia. *Glorificación* es la gracia de Dios en su triunfo final el último día. Pablo contempla nuestra futura glorificación con Cristo como tan segura que la describe con un tiempo de verbo pasado, como si ya se hubiera realizado.

6. *Seguridad (8:31-39)*

Predestinación, llamado, justificación, glorificación —estas grandes palabras encierran los alcances del propósito redentor de Dios. Habiéndolas presentado a manera de escalones en el versículo 31, Pablo pregunta: "¿Qué, pues diremos a esto?" Su respuesta nos ha proporcionado el pasaje más grande en la Biblia sobre la seguridad cristiana. Nótese el fundamento sólido de nuestra confianza.

Primeramente nuestra seguridad está basada sobre la costosa inversión que Dios ha hecho en nuestra redención (8:31, 32). Pablo pregunta: "Si Dios es por nosotros, ¿quién contra nosotros?" (8:31). Obviamente, si Dios está de nuestra parte, nadie puede prevalecer contra nosotros. Pero, ¿cómo sabemos que esto es así? La respuesta de Pablo no es ni ociosa especulación ni infundada esperanza. El señala hacia la cruz como evidencia del compromiso de Dios a nuestro favor: "El que no escatimó ni a su propio Hijo, sino que lo entregó por todos nosotros, ¿cómo no nos dará también con él todas las cosas?" (8:32) He aquí una confianza basada en lo que Dios ya ha hecho. El calvario es la firme dedicación de Dios a nosotros, no un ensayo. (Véase Ro. 5:6-11).

En segundo lugar, nuestra seguridad se basa en la absolución de Dios y la continua intercesión de Cristo por nosotros (8:33, 34). Se presenta una escena imaginaria ante un tribunal. Se hace la pregunta: "¿Quién acusará a los escogidos de Dios?" (8:33). Este es un desafío que bien pudiera hacernos temblar, salvo por una cosa: "Dios es el que justifica (8:33). Y nadie puede presentar más acusaciones contra aquellos a quienes Dios ha absuelto. Otra pregunta se adelanta:

"¿Quién es el que condenará?" (8:34). La respuesta es: "Cristo es el que murió; más aún, el que también resucitó, el que además está a la diestra de Dios, el que también intercede por nosotros" (8:34). El único que puede condenarnos está en verdad abogando nuestra causa a la diestra de Dios.

En tercer lugar, nuestra seguridad se basa en el gran amor de Dios por nosotros en Cristo (8:35-39), que nos garantiza que nada podrá separarnos de él. Esta confianza examina todos los terribles separadores que hayan acometido jamás al pueblo de Dios: tribulación, angustia, persecución, hambre, desnudez, peligro y espada (8:35). Pablo suma todas las amenazas con una cita del Salmo 44:22:

> "Por causa de ti somos muertos
> todo el tiempo;
> somos contados como ovejas
> de matadero"

Sin embargo, en estas cosas que amenazan destruir Pablo afirma: "Somos más que vencedores por medio de aquel que nos amó" (8:37). Esta declaración proporciona el fondo para una de las más grandes afirmaciones de fe de todos los tiempos: "Estoy seguro de que ni la muerte, ni la vida, ni ángeles, ni principados, ni potestades, ni lo presente, ni lo por venir, ni lo alto, ni lo profundo, ni ninguna otra cosa creada nos podrá separar del amor de Dios, que es en Cristo Jesús Señor nuestro" (8:38, 39). En esta frase Pablo incluye todo el alcance de la existencia (muerte y vida) y todas las fuerzas sobrenaturales hostiles (ángeles, principados, "potestades, sea arriba o abajo del nivel de la tierra"[13]). Incluye todas las incertidumbres del tiempo (lo presente y lo por venir). Luego, no sea que alguna fuente de amenaza haya sido pasada por alto, agrega: "Ni ninguna otra cosa creada" (8:39).

Este testimonio de seguridad era compartido con una iglesia que estaba dentro de una década de enfrentar persecución bajo Nerón en Roma. Poco después de escribirlo, Pablo partió para Jerusalén, donde se atentó contra su vida. (Véase Hechos 21:27-36).

III. Verdad para Hoy

1. *El pecado a menudo obra a través de aquello que es bueno.*

Puede lograr sus fines por medio de un instrumento de revelación dado por Dios como la ley de Moisés. Procura hacer lo mismo por medio del evangelio de la gracia de Dios. Nuestra lucha es constante (véase Ef. 6:10-17). Nuestro enemigo se especializa en camuflaje y es un maestro en tácticas de guerrilla (véase 2 Co. 11:14, 15).

2. *Por la gracia de Dios, el clamor de desesperación puede llegar a ser el umbral de la esperanza.*

Cuando llegamos al final de nosotros mismos es cuando podemos llegar al comienzo de Dios. El clamor de desesperación de Pablo (Ro. 7:24) pronto cedió a su gratitud por liberación: "Gracias doy a Dios, por Jesucristo Señor nuestro" (Ro. 7:25).

3. *Todos los cristianos han recibido el Espíritu Santo.*

Su presencia en nuestras vidas proporciona la evidencia inequívoca de la adopción. El nos permite entregar a la muerte los hechos del cuerpo, los pecados de la vieja naturaleza carnal. Ya no luchamos contra el señorío del pecado como esclavos desvalidos. El ha quebrantado el dominio del pecado sobre nosotros. Nos da poder para continuar la lucha contra el pecado y es nuestra seguridad de victoria. Cuando un cristiano falla moralmente, no es porque no haya tenido a su disposición el poder del Espíritu. Es porque no lo reclamó.

4. *Dios está llevando a cabo su propósito redentor en la historia.*

Rodeados por la servidumbre de la corrupción que ha dejado su marca aun sobre el universo físico, nosotros gemimos. Pero nuestro gemido lleva la naturaleza de una ansiosa expectación del futuro. Se inclina hacia adelante en anticipación. Dios está moviéndose a través de la historia para llevar su propósito redentor a su culminación gloriosa en el último día. Cristo regresará, la resurrección se verificará, y nuestra adopción será completada. El futuro pertenece a Dios y a su pueblo.

Notas del Capítulo 6

[1] Dodd, *op. cit.*, p. 107.

[2] Bornkamm, *Paul*, p. 125.

[3] Dodd, *op. cit.*, p. 108. Otros que sostienen un criterio similar son Sanday y Headlam, *op. cit.*, pp. 184-186; Vincent Taylor, *op. cit.*, p. 46; James S. Stewart, *A*

Man in Christ (New York: Harper and Brothers Publishers, 1935), p. 99; Rudolf Bultmann, *Theology of the New Testament,* trad. Kendrick Grobel, Vol. 1 (New York: Charles Scribner's Sons, 1951), p. 247.

[4] Anders Nygren, *Commentary on Romans,* trans. Carl C. Rasmussen (Philadelphia: Fortress Press, 1949), pp. 288-93. Otros que creen que Romanos 7:14-25 describe la vida de Pablo como cristiano son Murray, *op. cit.*, pp. 256-259; James D. Smart, *Doorway to a New Age* (Philadelphia: The Westminster Press, 1972), pp. 96-102; Clifton J. Allen, *The Gospel According to Paul* (Nashville: Convention Press, 1956), p. 81.

[5] C. Leslie Mitton, "Romans-vii. Reconsidered, *The Expository Times,* Feb. 1954 (Vol. LXV), p. 134. Otros que sostienen criterios similares son Moody, *op. cit.*, p. 209; Hunter, *op. cit.*, p. 74.

[6] Manson, *op. cit.*, p. 945.

[7] Nygren, *op. cit.*,p. 284.

[8] Las cuatro ocasiones en que las versiones varían son: (1) "el *espíritu* vive" (v. 10); (2) "el *espíritu* de esclavitud" (v. 15). (3) "el *espíritu* de adopción" (v. 15); y (4) "nuestro *espíritu*" (v. 16). Sin embargo, en otras versiones en dos de estos casos se traduce como referencias al Espíritu Santo (La B-C traduce la del v. 10, "El Espíritu es vida." La segunda referencia, en el v. 15, se traduce como sigue: B-C, "Espíritu de filiación adoptiva"; BL "El Espíritu que los hace hijos adoptivos"; VP "el Espíritu que nos hace hijos".)

[9] En los versículos 9 y 10 el curso del pensamiento de Pablo va de "Espíritu de Dios" a "Espíritu de Cristo" a "Cristo está en vosotros". Barrett, *op. cit.*, pp. 158, 159, comenta: "Es ocioso buscar una distinción entre "Espíritu de Dios" y "Espíritu de Cristo." Cada uno es una descripción correcta de lo que Pablo quiere decir. El Espíritu es el Espíritu de Dios; y es sólo por medio de Cristo que el Espíritu se conoce y se recibe."

[10] Las traducciones de Romanos 8:10 varían considerablemente. Varias traducen *pneuma* como "espíritu" (singular en el texto griego) con referencia al espíritu humano.

[11] Best, *op. cit.*, p. 94.

[12] Manson, *op. cit.*, p. 946, considera "creación" como una referencia a la humanidad más bien que al universo físico. Así él halla en el pasaje un contraste entre los cristianos y la humanidad irredenta.

[13] Barrett, *op. cit.*, p. 174, piensa que los términos "ni lo alto, ni lo profundo" designan los temibles poderes astrológicos que muchos antiguos (y modernos) creían que controlaban el destino humano. De otra manera la intención de Pablo es incluir en su testimonio todas las consideraciones de espacio.

Actividades para el Aprendizaje Personal

Marque las respuestas

1. Romanos 7:5 es un comentario conciso sobre ______; Romanos 7:6, sobre ______

(Complete las oraciones eligiendo de la lista que sigue):

(1) Romanos 1:18-32
(2) Romanos 5:12-21
(3) Romanos 7:7-25
(4) Romanos 3:21-31
(5) Romanos 8:1-39
(6) Romanos 4:1-25

2. En la lista que sigue se señalan dos ilustraciones que Pablo utilizó para presentar la relación del cristiano al pecado, junto con la referencia que pertenece a cada una. Indique la ilustración y la referencia que le corresponde (dos pares):

__ (1) La muerte al pecado se da a entender por la crucifixión
__ (2) La muerte al pecado se da a entender por el bautismo
__ (3) La muerte al pecado se da a entender por la muerte en el matrimonio

(a) Romanos 7:1-6
(b) Romanos 3:24-26
(c) Romanos 6:1-4

3. En Romanos 7:7-25 el tema básico de Pablo es (elija uno):
__ (1) Su dificultad para vivir la vida cristiana
__ (2) La dificultad de cada individuo para vivir una vida moral
__ (3) La función de la ley con respecto al pecado

4. Complete esta oración con palabras de las que siguen:
____y ____ son típicos de la experiencia cristiana, pero ____ y ____ no lo son.

(1) Gozo
(2) Paz
(3) Lucha
(4) Derrota
(5) Conflicto
(6) Desesperación

5. Ponga en el orden en que aparecen en Romanos 8:1-39 los siguientes rasgos de la nueva vida del Espíritu:

__ (1) Seguridad
__ (2) Esperanza
__ (3) Liberación
__ (4) Intercesión
__ (5) Adopción
__ (6) Cuidado

Respuestas:
1. (3), (5); 2. (2) (c), (3) (a); 3. (3); 4. (3) (5), (4) (6); 5. (3) (5) (2) (4) (6) (1).

Capítulo 7

Israel: Problema y Promesa

Romanos 9:1 a 11:36

La presentación que Pablo hizo del modo en que Dios reconcilia a los hombres con él alcanzó su culminación en Romanos 8. ¿Qué más puede decir? El ha descrito los beneficios que la gracia de Dios proporciona a aquellos que creen en Cristo (5:1-11). Ha mostrado cómo la nueva humanidad encabezada por Cristo ha ganado más de lo que la vieja humanidad encabezada por Adán había perdido (5:12-21). Ha afirmado el poder del evangelio para transformar la vida (6:1-23). Y ha contrastado la derrota de la vida bajo la ley con la liberación de la nueva vida del Espíritu (7:1—8:39). Ahora esperamos las instrucciones éticas que se encuentran generalmente en los pasajes finales de las cartas de Pablo. En lugar de ello hallamos una larga discusión del rechazamiento presente y de la esperanza futura de Israel (9-11).

¿Qué relación tiene este pasaje con el resto de la carta a los Romanos? ¿Fueron los capítulos 9 al 11 escritos al mismo tiempo que los otros? ¿O los compuso Pablo antes y los insertó en este lugar? Esto último es lo que cree Dodd. El cree que Pablo había predicado a menudo su sermón sobre "El Rechazamiento de Israel" cuando sus oponentes judeocristianos le desafiaban. Ahora lo introduce en su carta a Roma "para ahorrar el tiempo y el trabajo de un hombre atareado escribiendo de nuevo sobre el tema".[1] Dodd encuentra apoyo para su posición en lo siguiente: (1) Romanos 12:1, 2 es la secuela directa de 8:31-39. Si los capítulos 9 al 11 no estuvieran, uno podría pasar del 8 al 12 sin pérdida de continuidad. (2) La sección tiene ciertos rasgos de estilo: por ejemplo, la exposición detallada de pasajes de la Escritura, el diseño de diatriba, un principio y un final como un sermón. (3) El motivo por el que Pablo se apresuró a terminar con las dificultades que presentaba en Romanos 3:1-9 era porque tenía la intención de insertar este material más tarde.[2]

Otros sostienen que los capítulos 9 al 11 fueron escritos al mismo tiempo que el resto de la carta. Además, son esenciales para su unidad y mensaje.[3] Al principio de esta carta Pablo ha declarado que el evangelio estaba enraizado en los tratos de Dios con Israel (1:1-3). Israel era el pueblo escogido. Deuteronomio 7:6 dice: "Tú eres pueblo santo para Jehová tu Dios; Jehová tu Dios te ha escogido para serle un pueblo especial más que todos los pueblos que están sobre la tierra." (Véase Ex. 4:22; Ez. 20:5; Is. 43:10-13; Hch. 13:17). Sin embargo, cuando Pablo escribió a Roma la mayoría del pueblo judío había rechazado el evangelio. Estaban al margen de la liberación de Dios por medio de Jesucristo, por la fe en él. Ahora entonces, ¿cómo puede uno reconciliar la elección de Israel por Dios con su rechazamiento?

Aquí hay un problema que Pablo no podía ignorar en su exposición de la revelación de la justicia de Dios, que es el tema de Romanos (1:17). Su tratamiento no debe considerarse como una digresión o un apéndice. Pablo necesitaba mostrar que no había conflicto entre el evangelio de la gracia de Dios y sus promesas a Israel. Lo hace afirmando su preocupación personal (9:1-5), la soberanía de Dios (9:6-29), la responsabilidad de Israel (9:30 a 10:21), y la restauración de Israel (11:1-36).

Para evitar distorsiones, uno debiera leer Romanos 9-11 como una unidad. A menos que Romanos 9:6-29 se vea a la luz de la responsabilidad de Israel en Romanos 9:30 a 10:21, parece áspero. Hasta que se vea Romanos 9:6—10:21 a la luz de la restauración de Israel en Romanos 11:1-36, parece árido. Estos tres capítulos comienzan con un lamento (9:1-5), pero concluyen con una doxología (11:33-36).

I. El Lamento de Pablo (9:1-5)

Cuando Jesús miró sobre Jerusalén, lloró y exclamó: "¡Oh, si también tú conocieses al menos en este tu día, lo que es para tu paz! Mas ahora está encubierto de tus ojos." (Lucas 19:42; véase también Lc. 13:34; Mt. 23:37). De manera similar, cuando Pablo pensó en su pueblo y su desvío de Dios, sintió un dolor abrumador. Colocándose a sí mismo bajo solemne juramento, escribe: "Verdad digo en Cristo, no miento, y mi conciencia me da testimonio en el Espíritu Santo, que tengo gran tristeza y continuo dolor en mi corazón" (9:1, 2).

¿Cuán profunda era la compasión de Pablo por su pueblo? El estaba pronto para perder su esperanza en Cristo si tan sólo pudiera ayudarles: "Deseara yo mismo ser anatema, separado de Cristo, por amor a mis hermanos, los que son mis parientes según la carne" (9:3). Nuestra palabra "anatema" es una transliteración de la palabra griega que Pablo utiliza para expresar su terrible deseo, también traducida "maldición". Aparece sólo seis veces en el Nuevo Testamento, cinco de las cuales en las cartas de Pablo. (Véase Ro. 9:3; 1 Co. 12:3; 16:22; Gá. 1:8, 9; Hch. 23:14). En la Septuaginta la misma palabra griega traduce una palabra hebrea que designa aquello que ha sido dedicado a la gloria de Dios, ya sea por consagración o destrucción.[4] Pablo usa el término en el último sentido en todas sus referencias. (Compárese con Dt. 7:24-26; Jos. 6:17-19; 7:1, 19-26). El concepto es aterrador y es dudoso que haya una traducción en español que capte su pleno significado. Pablo expresa su deseo de ser dedicado a la gloria de Dios para destrucción en beneficio de su pueblo (véase la oración de Moisés en Ex. 32:32).

Esto es compasión en su máxima expresión. El amor no conoce una expresión mayor que ésta. El ser el Apóstol de los Gentiles no significaba una disminución de la preocupación de Pablo por la salvación de sus compatriotas judíos.

En los versículos 4 y 5 Pablo enumera varias ventajas de los judíos que hacían más trágico su rechazamiento: (1) *Eran Israelitas.* Este nombre significaba una relación especial con Dios (Gn. 32:28; Ef. 2:12). (2) *Eran adoptados como hijos de Dios* (Ex. 4:22, 23; Dt. 14:1; 32:6; Os. 11:1; Jer. 31:9). (3) *Tenían la gloria de Dios.* Esta era el esplendor divino que descendía cuando Dios visitaba a su pueblo (Ex. 16:10; 24:16, 17; 29:43; 33:18-23; 40:34; 1 R. 8:10, 11). En la literatura posterior, esta realidad de la presencia o proximidad de Dios con su pueblo era llamada *Shekiná.* (4) *Tenían los pactos.*[5] Dios había prometido una relación especial con Abraham, Isaac, Jacob, y el pueblo en el monte Sinaí (Gn. 15:18; 17:2; 26:2-5; 35:9-15; Ex. 24:8). (5) *Tenían la ley.* Esta proporcionaba o hacía posible una revelación de la voluntad de Dios que sobrepasaba a todo lo conocido por los gentiles (Ro. 2:17). (6) *Tenían los cultos en el Templo.*

En estos cultos los judíos disfrutaban de gran provecho. (7) *Tenían las promesas.* En Romanos 4:13-25 Pablo había discutido la promesa de Dios a Abraham y a sus descendientes. Las promesas de Dios señalaban hacia la venida del Mesías y su reino. (8) *Descendían de los patriarcas.* Estaban en la línea de Abraham, Isaac, Jacob y el Mesías: "de quienes son los patriarcas, y de los cuales, según la carne, vino Cristo, el cual es Dios sobre todas las cosas, bendito por los siglos. Amén" (9:5). Jesucristo nació judío (1:3; véase también Gá. 4:4, 5; Mt. 1, 2; Lc. 1, 2; 3:23-38).

No obstante, con todas estas ventajas de las bendiciones especiales de Dios a través de su historia, los judíos no reconocieron a Jesús como el Mesías. Como pueblo, le rechazaron (véase Jn. 1:11). Y el corazón de Pablo estaba cargado de dolor porque su propio pueblo desdeñó la liberación de Dios por la fe en Jesucristo.

II. La Soberanía de Dios (9:6-29)

En este pasaje Pablo discute el rechazamiento de Israel desde el punto de vista de la elección soberana de Dios. El material es difícil. Algunos intérpretes han hallado aquí la base para un concepto áspero y rígido de la doble predestinación, una doctrina que sostiene que Dios elige a algunos para ser salvos y condena a los demás a la perdición. La mayoría de los cristianos, sin embargo, rehuye esta interpretación extrema y unilateral de la evidencia bíblica. La elección divina es real, pero también lo es la responsabilidad humana. En su discusión del rechazamiento de Israel en Romanos 9:6 al 10:21, Pablo trata de hacer justicia a ambas realidades. Las presenta como *correlativas* más bien que como *contradictorias.*

Es importante para el estudio del presente pasaje la percepción de que la naturaleza de la gracia demanda libertad absoluta de parte de Dios. Lo que Dios hace no puede ser determinado por el poder humano, de otro modo la gracia dejaría de ser gracia. Aquí descubrimos el principio de la selección intencional de Dios obrando en la historia.

1. *El Israel dentro de Israel (9:6-13)*

Pablo insiste en que la palabra de Dios no ha fallado, aun cuando la mayor parte de Israel no había creído en Jesucristo. Esto era verdad porque las promesas de Dios no eran para todos los que podían jactarse de una descendencia racial de Abraham. Pertenecían más bien a los hijos de la promesa, quienes eran los verdaderos descendientes de Abraham. Ellos constituían el Israel dentro de Israel. Así, Pablo escribe: "No todos los que descienden de Israel son israelitas, ni por ser descendientes de Abraham, son todos hijos; sino: En Isaac te será llamada descendencia. Esto es: no los que son hijos según la carne son los hijos de Dios, sino que los que son hijos según la promesa son contados como descendientes" (9:6-8; véase Gá. 4:21-31).

Ismael fue tan hijo de Abraham como lo fue Isaac. Sin embargo, ningún judío consideraba a los ismaelitas como hijos de la promesa de Dios a Abraham. En lugar de ello la relación del pacto continuaba por medio de Isaac.

Tal vez algún judío señale el hecho evidente que aunque Ismael e Isaac eran hijos de Abraham, tenían distintas madres. La madre de Ismael era Agar, la esclava, en tanto que la madre de Isaac era Sara, la mujer libre, esposa de Abraham. Por ello el judío explicaría la elección de Dios de Isaac por sobre Ismael.

La próxima referencia de Pablo a la selección intencional de Dios obrando en la historia no permite tal explicación. En los versículos 10 al 13 describe la elección de Jacob sobre Esaú. En este caso ambos tenían el mismo padre y la misma madre. Rebeca concibió a ambos de Isaac (9:10). Además, Dios escogió a Jacob, el menor de los gemelos, más bien que a Esaú, aun antes de que hubiesen nacido (9:11). De modo que la elección no pudo estar basada en haber hecho ni bien ni mal. Mientras Rebeca llevaba en su vientre los gemelos aún sin nacer, Dios le dijo: "El mayor servirá al menor" (9:12; véase Gn. 25:23). ¿Por qué? Pablo explica: "Para que el propósito de Dios según la elección permaneciese, no por las obras, sino por el que llama" (9:11).[6]

2. *La Libertad Absoluta de Dios (9:14-18)*

Hay que admitir que la acción de Dios con respecto a Jacob parece injusta. Pablo anticipa una posible acusación de injusticia contra Dios: "¿Qué, pues, diremos? ¿Qué hay injusticia en Dios? En ninguna manera" (9:14). Semejante pensamiento repugnaba a Pablo. En respuesta a su propia pregunta él cita el mensaje de Dios a Moisés: " 'Tendré misericordia del que yo tenga misericordia' " (9:15). Esta cita de Exodo 33:19 tiene como telón de fondo original las consecuencias de la adoración del becerro de oro (Ex. 32:1-10). Sin la misericordia de Dios su juicio hubiera consumido inmediatamente al pueblo idólatra. De modo que no es el ejercicio de la voluntad del hombre o su esfuerzo lo que compele a Dios a retener su juicio; es su misericordia (9:16).

Lo opuesto a mostrar misericordia al pecador es endurecer el corazón del pecador. Así como la palabra de Dios a Moisés fue un ejemplo de lo primero, sus tratos con Faraón nos dan un ejemplo de lo último. Pablo escribe: "La Escritura dice a Faraón: Para esto mismo te he levantado, para mostrar en ti mi poder, y para que mi nombre sea anunciado por toda la tierra" (9:17). Pablo atribuye tanto el otorgamiento de misericordia como el endurecimiento del corazón del pecador a la soberana voluntad de Dios: "De manera que de quien quiere, tiene misericordia, y al que quiere endurecer, endurece" (9:18).

Sin embargo, así como ciertos pasajes atribuyen el endurecimiento del corazón de Faraón *directamente* a Dios (Ex. 4:21; 7:3; 9:12; 10:1; 11:10; 14:8), así otros pasajes lo atribuyen a Faraón mismo. Exodo 8:15 dice: "Pero viendo Faraón que le habían dado reposo, endureció su corazón, y no los escuchó, como Jehová lo había dicho." Y Exodo 8:32 declara: "Mas Faraón endureció aun esta vez su corazón, y no dejó ir al pueblo." Con respecto al papel de Dios en endurecer a quien quiere, Emil Brunner escribe: "Lo que es la naturaleza de este endurecimiento nos lo muestra en Faraón. El endurece el corazón del hombre que se rebela contra él."[7] Esto atribuye el endurecimiento del corazón de Faraón *indirectamente* a Dios, como la consecuencia de la rebelión de Faraón contra él. El pensamiento es similar a la revelación de la ira de Dios en Romanos 1:18-32. Dios entrega a los hombres a las desastrosas consecuencias de su revuelta contra él. En este sentido, él quiere la reprobación de ellos.

3. *El Israel Más Allá de Israel (9:19-29)*

Aun así, Pablo siente la necesidad de permitir que su imaginario oponente lleve aun más allá su argumento: "Me dirás: ¿Por qué, pues, inculpa? porque ¿quién ha resistido su voluntad?" (9:19). A esta pertinente pregunta Pablo da una aguda reprensión: "oh hombre, ¿quién eres tú, para que alterques con Dios? ¿Dirá el vaso de barro al que lo formó: Por qué me has hecho así?" (9:20). Pablo sostiene el derecho del alfarero de hacer vasos de su elección del mismo terrón de arcilla que tiene ante sí. Esto era verdad ya fuesen hechos los vasos para usos honrosos o comunes (9:21: NTV, "una vasija hermosa que sirva de florero y otra que sirva para echar basura"; VP, "una olla para uso especial, y otra para uso común"; BA, "un vaso para uso decoroso, y otro para uso despreciable"; VM, "un vaso para honra y otro para deshonra".)

Con este fondo Pablo hace la pregunta que de hecho contiene su respuesta: "¿Y qué, si Dios, queriendo mostrar su ira y hacer notorio su poder, soportó con mucha paciencia los vasos de ira preparados para destrucción, y para hacer notorias las riquezas de su gloria, las mostró para con los vasos de misericordia que él preparó de antemano para gloria, a los cuales también ha llamado, esto es, a nosotros, no sólo de los judíos, sino también de los gentiles?" (9:22-24).

Aun cuando en forma de una pregunta hipotética ("¿qué si?"), estos versículos sugieren lo que resta de la respuesta de Pablo al problema de la posición y destino de Israel. Obsérvese lo siguiente: (1) Los judíos incrédulos son vasos de ira a quienes Dios ha soportado con mucha paciencia (9:22). Romanos 9:30 al 10:21 explica esto, alcanzando su culminación en la cita de Isaías 65:2 en el último versículo: "Pero acerca de Israel dice: Todo el día extendí mis manos a un pueblo rebelde y contradictor" (10:21). Un pasaje así muestra que Pablo nunca quiso que su metáfora del alfarero negase la responsabilidad del hombre ante Dios. ¡Uno no extiende manos implorantes a un vaso! (2) Por medio de la revelación de su ira y poder en sus tratos con los judíos incrédulos, Dios quiere hacer conocer las riquezas de su gloria (9:23). El predomina sobre la desobediencia de Israel y prepara vasos de misericordia, incluyendo a gentiles tanto como judíos (9:24). Romanos 11:1-32 explica esto, alcanzando su culminación en el versículo 32: "Dios sujetó a todos en desobediencia, para tener misericordia de todos." Una vez más, los vasos descritos por Pablo en el capítulo 11 eran capaces de responder al llamado de Dios. (Véase 11:20, 22, 23).

En Romanos 9:6-13 Pablo enseña que no todos los que descienden de Israel son israelitas. Hay un Israel *dentro* de Israel. Son los hijos de la promesa (9:8). En Romanos 8:19-29 enseña que no todos los que son llamados a ser vasos de misericordia pertenecen al Israel físico. Los gentiles también están incluidos. Hay un Israel *más allá* de Israel. Son vasos de misericordia que Dios preparó de antemano para gloria (9:23).

Las citas que siguen, de Oseas e Isaías, apoyan las enseñanzas de estos versículos. Pablo cita Oseas 2:23 y 1:10 en Romanos 9:25, 26 para confirmar que el plan redentor de Dios incluye a los gentiles tanto como a los judíos.[8] Cita Isaías 10:22, 23 y 1:9 en Romanos 9:27-29 para confirmar que sólo un remanente de Israel sería salvo.

III. La Responsabilidad de Israel (9:30 a 10:21)

Si Pablo hubiese concluido su discusión con Romanos 9:29, el rechazamiento de Israel hubiese parecido una decisión del Dios soberano. Cualquier cuestionamiento por parte del hombre fue rechazado como insolencia (9:20). Pero no concluyó allí. Sin un pensamiento de contradicción Pablo continúa su discusión del mismo tema desde el punto de vista de la responsabilidad de Israel. Vemos así que el Israel que Dios rechazó era el Israel que había rechazado a Dios.

1. *La Piedra de Tropiezo (9:30-33)*

Las declaraciones previas respecto de la inclusión de los gentiles y el remanente de Israel invitaban a una nueva pregunta autoformulada: "¿Qué, pues, diremos? Que los gentiles, que no iban tras la justicia, han alcanzado la justicia, es decir, la justicia que es por fe; mas Israel, que iba tras una ley de justicia, no la alcanzó" (9:30, 31). Pablo explica por qué la búsqueda por parte de Israel de una relación correcta con Dios había fracasado. Fue porque no la buscaron por la fe. Imaginaron que podían reconciliarse con Dios por obras, guardando la ley. Así, rehusaron creer en Jesucristo. El fue la piedra de tropiezo sobre quien habían tropezado y caído. Pablo cita (9:33) una combinación de Isaías 28:16 y 8:14 para apoyar esta acusación:

> "He aquí, pongo en Sion piedra de tropiezo
> y roca de caída;
> Y el que creyere en él, no será avergonzado."

La versión hebrea de Isaías 28:16 no tiene las palabras "en él" después del verbo "creyere", pero sí están en la Septuaginta. Una profecía similar de una "piedra" se encuentra en 1 Pedro 2:6-8, teniendo a Salmo 118:22 entre los pasajes de Isaías. Hunter piensa que tanto Pablo como Pedro tomaron su material de una primitiva colección de testimonios. Esta colección agrupaba ciertos textos del Antiguo Testamento para probar que Jesucristo era el cumplimiento de la esperanza mesiánica.[9]

2. *Los Dos Modos de Buscar Una Correcta Relación con Dios (10:1-13)*

Como en Romanos 9:1-5, Pablo expresa nuevamente su preocupación por la salvación de su pueblo: "Hermanos, ciertamente el anhelo de mi corazón, y mi oración a Dios por Israel, es para salvación" (10:1). El da testimonio del celo de los judíos por Dios, pero lamenta que no era ilustrado (10:2). Ignoraban la justicia de Dios, hecha posible por la fe; por lo mismo, no se sometían a ella. En cambio buscaban establecer su propia justicia con Dios mediante el guardar la ley (10:3). No reconocían que Cristo puso fin a la ley como medio de alcanzar la justicia para todo aquel que cree (10:4; 3:21; Gá. 3:19—4:7).

Un punto de vista alternativo de Romanos 10:4 ofrece Karl Barth. El argumenta que Cristo es el "fin" de la ley en el sentido de su "propósito" más bien que de su "*terminación*". Creer en Cristo significa creer en él "como uno que es toda la ley, su significado y cumplimiento".[10]

Pero, ¿qué acerca de la justicia de Dios basada en la fe? Pablo describe el parecer negativo de tal justicia en una extraña referencia a traer abajo a Cristo del cielo y a hacerlo subir de entre los muertos (10:6, 7). El fondo de este pasaje es Deuteronomio 30:11-14, donde Moisés hablaba al pueblo acerca de guardar el mandamiento de Dios. Pero las palabras de Pablo en el versículo 7 difieren de todas las versiones conocidas de Deuteronomio 30:13, que dice: "Ni está al otro lado del mar, para que digas: ¿Quién pasará por ncsotros el mar, para que nos lo traiga y nos lo haga oír, a fin de que lo cumplamos?" Probablemente Pablo quería afirmar que Cristo ya había hecho todo lo que era necesario para nuestra salvación.

El mandamiento de Dios estaba cercano al antiguo Israel, y así no era menester traerlo de lugares distantes: el cielo o el otro lado del mar. Sólo requería el cumplirlo. Del mismo modo la palabra de Dios en el evangelio estaba cerca del pueblo de los días de Pablo. No era necesario enviar un mensajero al cielo para iniciar la encarnación. Ni había razón para enviar a alguien al abismo para ver qué impedía la resurrección. Ya Dios había llevado ambas a cabo en Jesucristo. Nada restaba ahora sino confesarlo como Señor y recibir la salvación por medio de la fe en él. Así, Pablo insta a sus lectores en Romanos 10:8-10: "Cerca de ti está la palabra, en tu boca y en tu corazón. Esta es la palabra de fe que predicamos: que si confesares con tu boca que Jesús es el Señor, y creyeres en tu corazón que Dios le levantó de los muertos, serás salvo.[11] Porque con el corazón se cree para justicia, pero con la boca se confiesa para salvación."

¡Alabado sea el Señor por la *proximidad* de su palabra! Nada necesita tanto como el ser recibida aquí y ahora. "La Escritura dice: 'Todo aquel que en él creyere, no será avergonzado' " (10:11). Esta cita de Isaías 28:16 había sido utilizada antes en Romanos 9:33. Así como no hay diferencia entre judío y griego en pecaminosidad (3:22, 23), tampoco la hay entre ellos en salvación. "El mismo que es Señor de todos, es rico para con todos los que le invocan" (10:12; 3:29, 30). El párrafo finaliza con la cita de Joel 2:32, declarando las buenas nuevas que "todo aquel que invocare el nombre del Señor será salvo" (10:13). La palabra de Dios en el evangelio es para todos los hombres.

3. *Un Pueblo Desobediente y Contradictor (10:14-21).*

Este pasaje es difícil. A veces cuesta seguir el hilo del pensamiento de Pablo. El apoyo que da a su argumentación con citas del Antiguo Testamento no siempre es claro. Pero la fuerza principal del pasaje lo es; vale decir, Israel es responsable por su rechazamiento. El mismo ha rechazado la palabra de Dios que tenía cercana (10:8).

Nótense las tres objeciones que el imaginario oponente de Pablo levanta en defensa de Israel.

(1) *A Israel le faltaron mensajeros de Dios* (vv. 14-17). La palabra "invocare" en Joel 2:32 citada en el versículo precedente (10:13), se constituye en el primer escalón de una serie de cuatro preguntas: "¿Cómo pues invocarán a aquel en el cual no han creído? ¿Y cómo creerán en aquel de quien no han oído? ¿Y cómo oirán sin haber quien les predique? ¿Y cómo predicarán si no fueren enviados?" (10:14, 15) (El vocablo técnico para este recurso literario es "sorites". Véase 8:30.) La implicación es que Israel no tenía la culpa por no haber creído la palabra de Dios porque carecía de predicadores del evangelio. Pero Pablo cita Isaías 52:7 en el versículo 15 e Isaías 53:1 en el versículo 16 para refutar la objeción. Dios había sido fiel en enviar sus mensajeros, pero Israel no atendió al evangelio que ellos predicaron (10:16).

(2) *Israel careció de oportunidad de oír* (v. 18). Esto parece una repetición de la primera objeción. Pablo expresa la pregunta y entonces cita Salmos 19:4 para refutarla: "Pero digo: ¿No han oído? Antes bien

'Por toda la tierra ha salido la voz de ellos,
y hasta los fines de la tierra sus palabras' ".

En su lugar original esta cita se refería a los cuerpos celestiales que declaran la gloria de Dios y proclaman la obra de sus manos. Pablo la aplica a la predicación del evangelio. En Romanos 15:19 afirma que lo ha predicado desde Jerusalén en el oriente hasta la provincia romana de Ilírico, al borde del mar Adriático en el occidente. En verdad, los judíos no habían carecido de oportunidad de oír el evangelio.

(3) *Israel careció de entendimiento del mensaje de Dios* (vv. 19-21). De no ser así, lo hubiera creído. La culpa la tenía lo oscuro de la palabra de Dios. Si Israel hubiese entendido el evangelio, lo hubiese recibido.

Para refutar esta objeción Pablo cita a Moisés (la Ley) y a Isaías (los Profetas). Primero cita a Moisés en Deuteronomio 32:21 (10:19). Por qué lo hace no está claro. Tal vez señala a la aceptación del mensaje de Dios por parte de los gentiles para negar la afirmación de los judíos de que era muy difícil de entender. En segundo lugar cita la declaración más resuelta en Isaías 65:1 (10:20). Dios dijo que había sido hallado por un pueblo que ni siquiera le había estado buscando. Cuánto más entonces debió haber sido hallado por los judíos que confesaban tener celo de Dios (10:2).

La verdadera explicación para el rechazamiento del evangelio por parte de Israel no era falta de entendimiento. Era una obstinada rebelión contra Dios. Pablo confirma este juicio con la cita de Isaías 65:2: "Pero acerca de Israel dice: 'Todo el día extendí mis manos a un pueblo rebelde y contradictor' " (10:21).

Israel había tropezado en Cristo (9:30-33). Habían buscado reconciliarse con Dios basándose en la ley más bien que en la fe (10:1-13). Y en su rebelión habían despreciado las manos extendidas de Dios llamándoles pacientemente (10:14-21).

En Romanos 9:6-29 Pablo había discutido el rechazamiento de Israel desde el punto de vista de *la soberanía de Dios*. En la metáfora del alfarero, (9:21), parecía como si Israel había sido hecho un vaso de ira por la elección soberana de Dios, una decisión que no debía cuestionarse. Aquí en Romanos 9:30 a 10:21 Pablo discute el mismo tema desde el punto de vista de *la responsabilidad de Israel*. Israel fue rechazado por Dios porque Israel había rechazado a Dios. Así Pablo pone lado a lado las dos grandes verdades de la elección divina y la responsabilidad humana. Nadie ha podido jamás hacer más de eso. Brunner llega a esta conclusión: "El pensamiento humano nunca reconcilia la libertad de Dios y nuestra responsabilidad."[12]

IV. La Restauración de Israel (11:1-36)

Si Pablo hubiese concluido su discusión de la posición y el destino de Israel en Romanos 10:21, las perspectivas de Israel hubiesen sido verdaderamente lúgubres. Pablo se adelanta a una conclusión así con su próxima pregunta: "Digo pues: ¿Ha desechado Dios a su pueblo? En ninguna manera" (11:1). Los dos capítulos precedentes deben dejar paso a la esperanza que Pablo describe en Romanos 11. Aquí discute el remanente de Israel (11:1-10); la evangelización de los gentiles y el celo de Israel por el éxito de la misión a los gentiles (11:11-24); y el eventual retorno de Israel a Cristo (11:25-36).

Brunner dice de Romanos 11: "Este capítulo es tal vez el más osado que Pablo escribiera."[13]

1. *El Remanente (11:1-10)*

Pablo continúa su enfática negativa de que Dios haya rechazado a su pueblo señalando que él mismo es un cristiano judío: "Porque también yo soy israelita de la descendencia de Abraham, de la tribu de Benjamín. No ha desechado Dios a su pueblo al cual desde antes conoció" (11:1, 2). De modo que el rechazamiento de Israel fue parcial y no completo. Había un remanente de judíos creyentes y Pablo era uno de ellos.

Pablo encuentra evidencias para su enseñanza sobre el remanente en la experiencia de Elías. En una época de crisis nacional el profeta se había quejado a Dios con respecto a Israel: "Señor, a tus profetas han dado muerte, y tus altares han derribado, y sólo yo he quedado, y procuran matarme" (11:3 —una cita libre de 1 R. 19:10, 14). A Elías le parecía que todo Israel había abandonado a Dios. Pero Dios le dijo a Elías que no era así: "Me he reservado siete mil hombres que no han doblado las rodillas delante de Baal" (11:4 — una cita libre de 1 R. 19:18). ¡Elías se había equivocado nada más que por siete mil!

Haciendo su aplicación, Pablo afirma: "Así también aun en este tiempo ha quedado un remanente escogido por gracia. Y si por gracia, ya no es por obras; de otra manera la gracia ya no es gracia" (11:5, 6). Así como los siete mil en los días de Elías eran el remanente de Dios, lo eran los cristianos judíos en los días de Pablo. Y la presencia de ellos indicaba la gracia de Dios más que el logro del hombre.

¿Qué con respecto al resto de los judíos? Ellos no obtuvieron la reconciliación con Dios que habían buscado sobre la base de las obras de la ley (11:7; 9:31, 32). En cambio se endurecieron. Pablo sostiene esta acusación contra los judíos incrédulos apelando al Antiguo Testamento. En el versículo 8 describe el endurecimiento en palabras tomadas de Isaías 29:10 y Deuteronomio 29:4. Y en el versículo 9 cita Salmo 69:22, 23.

La palabra traducida "convite" en el versículo 9 es literalmente "mesa". Las interpretaciones del término difieren. Algunos lo consideran un símbolo de abundancia. Entonces la oración imprecatoria pide que la abundancia de Israel les llegue a ser una trampa. Otros lo consideran como un símbolo del sistema religioso judío, el altar judío. Y así el mal que se invoca es que los rituales de Israel lleguen a ser una expresión del juicio de Dios sobre él.

2. *La Salvación de los Gentiles (11:11-24)*

La descripción del endurecimiento del Israel incrédulo en los versículos que anteceden suscita en Pablo otra pregunta: "Digo pues: ¿Han tropezado los de Israel para que cayesen? En ninguna manera" (11:11). Su respuesta en los versículos 11 y 12 manifiesta los puntos principales de su discusión en el resto del capítulo: (1) Por medio de la transgresión de Israel, ha venido la salvación a los gentiles. (2) Por medio de la salvación de los gentiles, Israel será provocado a celos. (3) Por medio de la inclusión de Israel, vendrán grandes bendiciones a todos. El rechazamiento de Israel no sólo fue *parcial* sino también *temporario.*

En los versículos 13-16 Pablo se dirige a sus lectores gentiles en su carácter de Apóstol de los gentiles. Les dice que él honra su ministerio para provocar a celos a sus compatriotas judíos, y así salvar a algunos de ellos (11:13, 14). De este modo tiene un ministerio indirecto para los judíos también. Expresa entusiasmo por lo que la admisión de los judíos significará para el mundo, aun "vida de entre los muertos" (11:15). Para muchos intérpretes esta frase insólita significa que la conversión de Israel proporcionará la señal para la resurrección. Es el hecho trascendente que iniciará la consumación. Con él comienza el gran acto final de la redención.[14] Otros interpretan la frase en forma figurada, indicando el gran impacto que tendrá sobre el mundo la conversión de Israel. Será como "vida de entre los muertos". (Cuando regresó el hijo pródigo, su padre declaró en Lucas 15:24: "Este mi hijo muerto era, y ha revivido.")[15]

Pablo presenta en el versículo 16 la dedicación de las primicias de la masa y la raíz de un árbol. Lo hace en apoyo de su esperanza de la salvación final de Israel. La dedicación de la masa ofrecida como primicias hacía santa toda la masa. (Para el fondo de esto véase Nm. 15:17-21). También la consagración de la raíz de un árbol hacía santas todas sus ramas. Hasta aquí es claro, pero, ¿quiénes estaban representados en los primeros frutos y la raíz, en el uso que Pablo hace de estas metáforas? Nygren señala a Abraham y a los padres: "La elección de Dios ha hecho de Israel de una vez para siempre una nación 'santa'. No ciertamente santa en el sentido de que todos sus miembros son justos y santos en su manera de vivir; pero santa en el sentido de que esta nación ha sido, en un modo especial, santificada y separada para Dios."[16] Pero Barrett piensa que Pablo "considera a los pocos judíos cristianos como la promesa de la eventual salvación de todo Israel".[17]

En los versículos 17-24 Pablo presenta la alegoría del olivo para advertir a los gentiles contra la jactancia sobre los judíos. En la alegoría el olivo representa al verdadero Israel. Los judíos incrédulos son las ramas naturales que han sido desgajadas. Los creyentes gentiles son las ramas del olivo silvestre que han sido injertadas. Nótense las razones que Pablo da a los gentiles para que no se jacten por sobre los judíos.

(1) *Deben recordar que son vástagos de olivo silvestre* (vv. 17, 18). Han sido injertados en el olivo para participar de sus riquezas en lugar de las ramas desgajadas (11:17). Pablo advierte: "Si te jactas, sabe que no sustentas tú a la raíz, sino la raíz a ti (11:18). Las ramas no debieran hacer ruido de raíces.

(2) *Deben comprender por qué las ramas naturales fueron desgajadas y ellos fueron injertados* (vv. 19-22). Las ramas naturales fueron desgajadas por su incredulidad; las ramas injertadas están en pie sólo por la fe (11:20). El temor más bien que el orgullo debiera caracterizar a los creyentes gentiles, "Porque si Dios no perdonó a las ramas naturales, a ti tampoco te perdonará" (11:21). La presunción con respecto a Dios siempre trae desastre (11:22).

(3) *Deben hacerse cargo de que Dios tiene poder para volver a injertar en el olivo a las ramas naturales* (vv. 23, 24). La continuada incredulidad de Israel es todo lo que impide la restauración de Israel (11:23). El Dios que puede injertar vástagos de olivo silvestre en el árbol cultivado, puede con toda seguridad volver a injertar ramas naturales en su propio olivo (11:24).

3. *La Salvación de Israel (11:25-36)*

Pablo prosigue: "No quiero, hermanos, que ignoréis este misterio, para que no seáis arrogantes en cuanto a vosotros mismos: que ha acontecido a Israel endurecimiento en parte, hasta que haya entrado la plenitud de los gentiles; y luego todo Israel será salvo" (11:25, 26).

Esta es una declaración asombrosa con respecto al destino de Israel. Apenas unos versículos antes, Pablo había descrito a Israel en términos de dos grupos: el remanente elegido y los demás que estaban endurecidos (11:7). A los últimos, Dios les había dado un espíritu de estupor para que no pudiesen verle ni oírle (11:8). Una oración de imprecación o maldición había invocado el juicio de Dios sobre ellos (11:9, 10). Y estos juicios hallaban sostén en pasajes del Antiguo Testamento citados por Pablo.

Es verdad que en los versículos intermedios habían aparecido indicios que señalaban hacia la restauración de Israel. En el versículo 12 Pablo había hablado de su "plena restauración" y de la indescriptible bendición que traería a todos. Igualmente en el versículo 15 se había regocijado en lo que "su admisión" significaría para el mundo. En el versículo 20 había explicado que los judíos incrédulos fueron desgajados del olivo por su incredulidad. En el versículo 23 había declarado que Dios tenía poder para injertarlos de nuevo si ellos no persistían en su incredulidad. Ciertamente, injertar de nuevo las ramas naturales en su árbol sería más fácil para Dios que el injerto de los vástagos del olivo silvestre (11:24). Pero aquí Pablo anuncia con valentía que todo Israel será salvo (11:26). Ese es un progreso alarmante para veinte versículos.

¿En qué se funda tal afirmación? Pablo la describe como un "misterio" (11:25), un discernimiento especial del plan salvador de Dios dado a él por revelación. El contenido de la revelación era que un endurecimiento había acontecido en parte a Israel hasta que "la plenitud de los gentiles" haya venido a Cristo. Entonces Israel será salvo (11:26).

Como podrá imaginarse, los eruditos difieren ampliamente en su discernimiento de este pasaje. Aquí están algunas de las principales interpretaciones que se han ofrecido:

(1) *Todos los hombres, tanto gentiles como judíos, serán salvos.* Esto es universalismo, la enseñanza que todos los hombres que han existido serán finalmente salvos por la fe en Jesucristo. Dodd afirma que la meta final del propósito de Dios "es un estado en el cual la misericordia de Dios es tan universalmente efectiva como lo ha sido el pecado. En otras palabras, es la voluntad de Dios que toda la humanidad sea salva al fin".[18] Se apela a la así llamada "esperanza más amplia" de Romanos 11:32.

(2) *"Todo Israel" significa la iglesia, el nuevo Israel de Dios.* Esto espiritualiza el término "Israel". Calvino escribió: "Cuando hayan entrado los gentiles, los judíos también regresarán de su defección a la obediencia de la fe; y así será completada la salvación de todo el Israel de Dios, que debe ser juntado de ambos"[19] (véase Gá. 6:16).

(3) *La conversión de Israel tendrá lugar al tiempo del regreso del Señor.* Este criterio es propuesto por varias interpretaciones milenaristas de la Biblia. Por ejemplo, Lewis S. Chafer, un premilenarista *dispensacional*, describe el regreso de Cristo y su liberación de Israel de la persecución del Anticristo. El reagrupamiento del Israel viviente y la resurrección del Israel muerto preparan el escenario para el juicio de ellos por Cristo. Muchos judíos serán rechazados; a otros se les permitirá entrar en el reino. Chafer explica: "La porción de Israel que será refinada y purificada será salva, y esa compañía limitada constituye el 'todo Israel' designado en Romanos 11:26, 27."[20]

George E. Ladd es un premilenarista *histórico*. El rechaza la división que hace el dispensacionalismo de la historia bíblica en siete dispensaciones; también su enseñanza del rapto de la iglesia antes de la gran tribulación. Sin embargo, él declara que "habrá un mayor retorno al Señor por parte de Israel según la carne, de tales proporciones que Pablo puede decir que 'todo Israel', es decir, Israel como un todo, será salvo".[21] Este retorno tendrá relación con los acontecimientos del final del siglo, siguiendo el cumplimiento del propósito de Dios para los gentiles (Lucas 21:24). No puede querer decir que todos los judíos que jamás hayan vivido serán salvos, pero sí se refiere a una generación entera de judíos vivos.[22]

(4) *"Todo Israel" indica un gran retorno de Israel a Cristo, sin especificar la conversión de cada individuo israelita.* Cuando Pablo escribía a Roma estaba activamente dedicado a su misión a los gentiles. Al evangelizarlos, añadiendo a "la plenitud de los gentiles", sentía que estaba contribuyendo también a la eventual conversión de los judíos. Lo hacía provocándolos a celos. Sin embargo, este celo no tenía el propósito de amargarlos, sino de conducirlos a cesar en su incredulidad (11:23). Así, Pablo creía que el éxito de la misión a los gentiles conduciría a un gran vuelco nacional de Israel a la fe en Jesucristo. El significado de la expresión "todo Israel" debe ser deducido del sentido de "la plenitud de los gentiles". Como esta última no indica que cada individuo gentil será salvo, así la primera no significa que cada individuo israelita será salvo.[23] Además, al parecer Pablo esperaba que todo esto tuviera lugar en su tiempo (13:11, 12).

Este pasaje habla de la restauración de Israel a Dios. Uno observa, sin embargo, que Pablo no dice nada aquí con respecto a la reunión de los judíos en la tierra de Israel. Ni describe la restauración de un reino davídico terrenal.

De las cuatro interpretaciones de Romanos 11:25, 26 señaladas arriba, la última parece la más probable, aunque no sin tener sus dificultades.

En los versículos 26 y 27 Pablo confirma el "misterio" recién descrito con una combinación de citas de Isaías 59:20, 21 y 27:9. Reconoce que los judíos eran enemigos de Dios en cuanto al evangelio. Aun así, Dios ha prevalecido sobre la hostilidad de ellos para beneficiar a los gentiles. Sin embargo, desde el punto de vista de la elección, los judíos eran "amados por causa de los padres. Porque irrevocables son los dones y el llamamiento de Dios" (11:28, 29). Anteriormente los gentiles habían sido desobedientes a Dios, pero ahora han recibido misericordia. Al presente, los judíos son desobedientes a Dios, pero están destinados a recibir misericordia (11:30, 31). "Dios sujetó a todos en desobediencia, para tener misericordia de todos" (11:32). Por la desobediencia a la misericordia era el diseño, y la palabra de Dios para los judíos y para los gentiles igualmente era una palabra de misericordia.

Con este resumen de los actos de gracia de Dios para con los hombres, Pablo prorrumpe en alabanza. Engrandece la profundidad de las riquezas, sabiduría y ciencia de Dios. Nadie puede sondear sus juicios ni escrutar sus caminos (11:33). Cita Isaías 40:13 para mostrar que la ciencia de Dios era tan grande que ni necesitaba consejeros ni asociaciones de cerebros. (11:34). Job 41:11 fue citado para mostrar que las riquezas de Dios eran tan grandes que no necesitaba respaldo financiero (11:35).

"Porque de él, y por él, y para él, son todas las cosas. A él sea la gloria por los siglos. Amén" (11:36).

V. Verdad para Hoy

1. *Romanos 9—11 es el único pasaje en las cartas de Pablo que trata con amplitud la posición y el destino de Israel.*

Como tal, merece la atención de los cristianos. Quizá puede ayudarnos a evitar dos extremos con respecto a Israel y la iglesia: (1) Al magnificar los tratos de Dios con Israel, algunos han reducido a la iglesia a un mero paréntesis en el desarrollo del plan de Dios. (2) Magnificando el cumplimiento de las profecías del Antiguo Testamento en la iglesia, otros han negado lugar alguno a Israel como un pueblo, en el plan redentor de Dios. Sin embargo, aquí está un pasaje en el que Pablo describe un gran retorno a Dios por parte de Israel. Nada ha sucedido aún en la proporción que él imaginó en Romanos 11:26. Queda por cumplirse. Y esto seguramente tiene significación para las congregaciones cristianas hoy en sus actitudes y ministerios a los judíos.

2. *Nuestra nación necesita hombres que se preocupen por su bienestar espiritual.*

Pablo era consciente de las ventajas que había disfrutado Israel como una nación bajo Dios. Le afligía que sus compatriotas habían presumido por estos privilegios o se habían tornado indiferentes hacia ellos. Un espíritu de estupor, el cual había hecho de sus ritos espirituales una trampa, había venido sobre ellos.

3. *Jesucristo ha puesto fin a la ley como un medio para reconciliarnos con Dios.*

Dios ha hecho disponible por medio de la fe en Jesucristo lo que los hombres no han podido lograr por las obras de la ley. La ley fue el siervo fiel de Dios, disciplinándonos y guiándonos a Cristo. Pero ahora que Cristo ha venido, ya no estamos bajo la ley (Gá. 3:24, 25). En cambio, como hijos de Dios, somos guiados por el Espíritu (Ro. 8:14). No obstante, la ley merece el rango de un siervo emérito en la familia de la fe cristiana. Con su presencia nos recuerda de dónde hemos venido, y, sobre todo, a quién pertenecemos.

4. *La compasión por los perdidos es esencial para testificar.*

¿Cuán preocupados estamos por aquellos que no conocen a Jesucristo como Señor y Salvador? Algunos están dispuestos a cruzar la calle para decirles a los vecinos de la gracia de Dios. Otros viajarán a otras ciudades o a lugares distantes de la tierra para dar las buenas nuevas del evangelio. Pablo hizo esto. Además, declaró estar dispuesto a renunciar a su esperanza en Jesucristo si ello podría servir para la salvación de sus compatriotas judíos. La compasión no conoce una profundidad mayor que ésta.

Notas del Capítulo 7

[1] Dodd, *op. cit.*, p. 150.

[2] *Ibid.*, pp. 148-150. Igualmente, Beare declara que Romanos 9—11 no es una parte integral del argumento principal sino "una digresión sobre un problema teológico colateral", *op. cit.*, p. 119.

[3] Por ejemplo, Nygren, *op. cit.*, pp. 353-360; Barrett, *op. cit.*, p. 175; Moody, *op. cit.*, p. 225.

[4] La palabra griega es *anathema*, y la palabra hebrea que traduce en la Septuaginta es *charem. Anathema* (escrita con una "e" larga) aparece en Lucas 21:5 con el sentido de "ofrenda votiva" (única instancia en el Nuevo Testamento).

[5] Hay un fuerte apoyo textual para el singular, "pacto". Si este es el texto correcto, la referencia es al pacto con Moisés. Manson está en favor del plural "pactos" y dice que son "el antiguo dado en Sinaí y el nuevo anunciado por Jeremías (31:31-34) e inaugurado por Cristo (1 Co. 11:25)", *op. cit.*, p. 947.

[6] Pablo encuentra apoyo para la elección de Jacob sobre Esaú en Malaquías 1:2, 3. Manson sostiene que "A Esaú aborrecí" es un giro idiomático hebreo que significa "amé menos"; es decir, "Preferí Jacob a Esaú." *(op. cit.*, p. 948).

[7] Emil Brunner, *The Letter to the Romans* (Philadelphia: The Westminster Press, 1959), p. 86.

[8] En su marco original Oseas 2:23 y 1:10 se referían a la restauración del pecaminoso Israel a Dios. Pablo halla en ellos apoyo para la inclusión de los gentiles. 1 Pedro 2:10 también aplica Oseas 2:23 a los cristianos gentiles.

[9] Archibald M. Hunter, *Paul and His Predecessors*, rev. ed. (Philadelphia: The Westminster Press, 1961), pp. 61-62, 87.

[10] Karl Barth, *A Shorter Commentary on Romans*, 2nd. ed. (Richmond: John Knox Press, 1960), p. 126.

[11] Hunter, *Paul and His Predecessors*, pp. 28-30, describe a Romanos 10:8, 9, como una primitiva confesión cristiana anterior a Pablo. Sus dos elementos eran una confesión pública: "Jesús es Señor" y una fe de corazón: "Que Dios le levantó de los muertos."

[12] Brunner, *op. cit.*, p. 86.

[13] *Ibid.*, p. 93.

[14] Los eruditos que interpretan la frase escatológicamente son: Dodd, *op. cit.*, pp. 177, 178; Nygren, *op. cir.*, p. 397; Brunner, *op. cit.*, p. 95; Barrett, *op. cit.*, p. 215; Manson, *op. cit.*, p. 949.

[15] Los eruditos que interpretan la frase *figurativamente* son: Murray, *op. cit.*, pp. 82-84; Hunter, *The Epistle to the Romans*, pp. 101, 102; Moody, *op. cit.*, p. 243.

[16] Nygren, *op. cit.*, p. 397.

[17] Barrett, *op. cit.*, p. 216.

[18] Dodd, *op. cit.*, p. 183.

[19] John Calvin, *Commentaries on the Epistle of Paul the Apostle to the Romans*, trad. John Owen (Grand Rapids: Wm. B. Eerdmans Publishing Co., 1947), p. 437.

[20] Lewis Sperry Chafer, *Systematic Theology* (Dallas: Dallas Seminary Press, 1948), IV, 321.

[21] George Eldon Ladd, *The Gospel of the Kingdom* (Grand Rapids: Wm. B. Eerdmans Publishing Co., 1959), p. 119.

[22] George Eldon Ladd, *A Commentary on the Revelation of John* (Grand Rapids: Wm. B. Eerdmans Publishing Co., 1972), p. 113.

[23] Con respecto a Romanos 11:26 escribe Barrett: "Hay un paralelo interesante a las palabras de Pablo en *Sanedrín,* 1: Todos los israelitas tienen parte en el mundo venidero. Esta declaración ciertamente no se refiere a cada israelita por separado, porque procede a enumerar una larga lista de excepciones: de "todo Israel" deben exceptuarse todos los saduceos, herejes, magos, los licensiosos, y muchos más. Significa que Israel como un todo está destinado a la vida eterna en el siglo venidero." *op. cit.*, pp. 223, 224.

Actividades para el Aprendizaje Personal

Marque las respuestas

1. De acuerdo con el autor de este libro de texto, Romanos 9-11 es (elija dos):
   __ (1) Una digresión
   __ (2) Necesario para demostrar el hecho de la justicia de Dios con respecto a Israel.
   __ (3) Necesario para mostrar la ausencia de conflicto entre el evangelio de la gracia de Dios y sus promesas a Israel.
2. Pablo presenta la soberanía de Dios y la libertad del hombre como

______ y no ______ (complete la frase con palabras de la lista que sigue):

(1) Contradictorias	(4) Iguales
(2) Divisivas	(5) Desiguales
(3) Unificadoras	(6) Correlativas

3. ¿Verdadero o Falso? El papel de Dios al endurecer a quien quiere puede ser comprendido en esta oración: Dios endurece a la persona que se rebela contra él.________
4. ¿Verdadero o Falso? En Romanos 9:6-29 Pablo discute el rechazamiento de Israel desde el punto de vista de la *Soberanía de Dios*, mientras que en Romanos 9:30 a 10:21 discute el mismo tema desde el punto de vista de la *Responsabilidad de Israel*.________
5. De la lista que sigue relacione el hilo del pensamiento de Pablo con las referencias.

__ (1) El giro final de Israel a Cristo	(a) Romanos 11:1-10
__ (2) La Evangelización de los Gentiles y el Celo de Israel	(b) Romanos 11:11-24
__ (3) El Remanente de Israel	(c) Romanos 11:25-36

Respuestas:
1. (2), (3); 2. (6), (1); 3. Verdadero; 4. Verdadero; 5. (1) (c), (2) (b), (3) (a).

Capítulo 8

El Llamado a la Dedicación

Romanos 12:1—16:27

A través de los primeros once capítulos de Romanos hemos seguido la presentación de Pablo de las buenas nuevas de la gracia de Dios. Primeramente él describió la servidumbre del hombre al pecado y su necesidad de liberación (1:18—3:20). Todos los hombres son culpables y están sin excusa delante de Dios. Luego mostró cómo Dios ha actuado por medio de la muerte y resurrección de Jesucristo, su Hijo, para libertar a los hombres (3:21—8:39). Por medio de la fe en él los hombres pueden ser perdonados y reconciliados con Dios. Después discutió el problema del rechazamiento de Israel y la promesa de su restauración (9:1—11:36). Ahora llegamos a la última porción mayor (12:1—15:13), donde Pablo aplica el evangelio al vivir cotidiano.

La ética cristiana no es una nota al pie del evangelio: es una con el texto principal. Es su consecuencia, el fruto de su raíz. Manson observa: "La nueva vida de Dios y la nueva vida para Dios constituyen la enseñanza total de la epístola; y es significativo que están presentadas en ese orden."[1]

En este pasaje Pablo trata los siguientes temas: dedicación personal (12:1, 2), dones carismáticos (12:3-8), el camino del amor (12:9-21), ciudadanía responsable (13:1-7), la primacía del amor (13:8-10), el fin de la era (13:11-14), y diferencias en escrúpulos religiosos (14:1—15:13).

Pablo concluye su carta dando a conocer sus planes de viaje, saludos personales, y su preocupación por sus lectores (15:14—16:27).

I. Dedicación Personal (12:1, 2)

Romanos 12:1, 2 ofrece uno de los más nobles llamados a la dedicación cristiana que se encuentran en el Nuevo Testamento. Provee la base para las enseñanzas éticas de Pablo en el resto del pasaje.

1. *El Sacrificio Más Grande: Vosotros Mismos (12:1)*

Pablo utiliza el lenguaje del altar para instar a sus lectores a la dedicación personal. Les dice que presenten sus cuerpos como un sacrificio a Dios. Puede haber querido decir "cuerpos" en un sentido literal, como hizo en Romanos 6:12, 13. O puede haber usado el término en un sentido más amplio para referirse a la persona total (VP, "ustedes mismos").

Tres cualidades describen el sacrificio del cristiano: (1) Es *vivo.* Este concepto puede proporcionar un contraste con los cuerpos muertos de los sacrificios animales. O puede denotar la vida nueva que el creyente posee en Cristo (6:1-14; 2 Co. 5:17; Gá. 6:15). (2) Es *santo.* El cristiano es apartado para Dios y le pertenece. (3) *Es agradable a Dios.* No es suficiente que se ofrezcan sacrificios a Dios. Las ofrendas deben ser aceptables.

Pablo dice que un sacrificio así es el "culto espiritual" (VP, "Esto es el culto espiritual que deben ofrecer.")[2]

2. *La Motivación Más Grande: Las Misericordias de Dios (12:1)*

No puede pedirse algo más grande a cualquier cristiano que el que suba al altar de Dios como un sacrificio vivo. Por lo tanto debe haber una motivación semejante al requerimiento. Sólo hay una. Pablo apela a ella en las palabras: "Por las misericordias de Dios."

Las palabras "Así que" en el versículo 1 son significativas. Miran hacia atrás para incluir toda la historia de la revelación de la misericordia de Dios para con los pecadores de los primeros once capítulos.

Si la gratitud a Dios por sus misericordias no compele nuestra devoción a él, nada lo hará. No puede hacerse una apelación más grande. Un servicio que no brota de nuestro amor a Dios tiene que buscar recursos en la carne.

Pablo nunca degradó el evangelio diluyendo su llamado a la dedicación.

3. *La Amenaza Más Grande: La Presión para Conformarnos a Este Siglo (12:2).*

Detrás de la palabra "siglo" se halla el concepto judío de dos siglos: el presente siglo malo (Gá. 1:4) y el siglo glorioso por venir. A los cristianos se les describe como aquellos "a quienes han alcanzado los fines de los siglos" (1 Co. 10:11). Vivimos como hombres de dos siglos: *testificando* al que está muriendo, y *caminando* hacia el que está amaneciendo.

Pero al mundo no le gusta esto. Impone una presión implacable sobre los cristianos para que se conformen a sus maneras y valores moribundos. El único mundo que conocemos halló intolerable al incomparable Hijo de Dios. Le clavó en la cruz. Reserva su más amargo desdén no para sus réprobos, sino para aquellos que toman con la mayor seriedad el señorío de Jesucristo sobre sus vidas.

Así Pablo insta a los cristianos de Roma a resistir los esfuerzos de un siglo moribundo para darles la forma de su molde. El verbo traducido "conforméis" conlleva esa idea. 1 Pedro 1:14 es el único otro pasaje en el Nuevo Testamento donde aparece.

4. *El Descubrimiento Más Grande: La Voluntad de Dios (12:2)*

Lo opuesto a ser conformados a este siglo es "transformaos por medio de la renovación de vuestro entendimiento". El verbo traducido "transformaos" aparece en sólo otros tres pasajes del Nuevo Testamento. En Mateo 17:2 y Marcos 9:2 describe la transfiguración de Jesús. Es decir, el cambio de su apariencia a una de gloria. En 2 Corintios 3:18 describe el cambio de los creyentes a la imagen de Cristo "de gloria en gloria".

El propósito de esta transformación es que "comprobéis cuál sea la buena voluntad de Dios" (12:2). La palabra traducida "comprobéis" quiere decir discernir por medio de la prueba. En 1 Pedro 1:7 describe al oro que es "probado" por el fuego refinador.

El descubrimiento más grande de todos es la voluntad de Dios. Es buena, es agradable, y es perfecta. Y el lugar desde el que debe buscarse es sobre el altar como un sacrificio vivo para él.

II. Dones Carismáticos (12:3-8)

1. *La Naturaleza de la Iglesia: Un Cuerpo en Cristo (12:3-5).*

Pablo insta a sus lectores a no pensar en términos demasiado altos de sí mismos (12:3; véase Gá. 6:3-5). Evidentemente el orgullo amenazaba la unidad de la iglesia en Roma. No se indica la causa específica del orgullo. Pero el versículo 3 lleva directamente a una discusión de los dones carismáticos y su utilización. Tal vez este era un asunto divisivo, tal como había sido antes en Corinto. (Véase 1 Corintios 12—14).

Pablo describe a la iglesia como "un cuerpo en Cristo" (12:5; véase 1 Co. 12:27). Como tal, tiene muchos miembros que llevan a cabo funciones diferentes. Pero estas funciones, tan diversas como pueden ser, están relacionadas entre sí como lo están las funciones de las partes del cuerpo.

Todos los miembros del cuerpo dependen los unos de los otros. Están unidos por una interdependencia tanto de función como de incapacidad. Cuando todas las partes funcionan normalmente, el cuerpo disfruta de salud. Si algún miembro funciona mal, el cuerpo se perjudica (véase 1 Co. 12:14-26).

2. *La Variedad y el Uso de los Dones Carismáticos (12:6-8)*

Los dones carismáticos son habilidades o poderes que el Espíritu de Dios otorga a todos los creyentes para equiparles para servir. Constituyen una parte importante del evangelio de la gracia. Somos *salvos* por gracia; *crecemos* por gracia; y somos *dotados* por gracia. Esto es: salvación, santificación y servicio —desde el principio hasta el fin— son una experiencia de la gracia de Dios.

No se nos abandona a nuestros propios recursos en el servicio cristiano como no se nos dejó en la salvación y el crecimiento. Como "un cuerpo en Cristo" la iglesia es un grupo de creyentes bautizados que adoran, tienen compañerismo, testifican, y sirven para la gloria de Dios. Este cuerpo tiene una forma. No es un conglomerado así como venga de creyentes individuales. El Espíritu de Dios equipa a cada miembro para funcionar como una parte significativa del cuerpo. Hemos tenido la tendencia de descuidar la enseñanza del Nuevo Testamento de la iglesia como un "cuerpo dotado" (véase también 1 Co. 12:4-31; Ef. 4:11, 12; 1 P. 4:10, 11).

Los dones carismáticos no son solamente *funcionales* sino que también son *congregacionales*. Tenemos "diferentes dones, según la gracia que nos es dada" (12:6), pero todos los dones han de ser utilizados para el beneficio de la iglesia toda (12:6-8; véase 1 Co. 12:7). ¡Cuán importante es esto! "Los dones del Espíritu no son condecoraciones personales al mérito para indicar los niveles de piedad alcanzados. No son insignias para distinguir a la élite de Dios. No son recompensas o trofeos. No son adornos para nuestro beneficio privado, sino más bien unción para nuestro servicio unido."[3]

Ningún don particular debe jamás ser considerado *el* don, y presentado como una norma para todo creyente lleno del Espíritu. Algunos de nuestros hermanos y hermanas neopentecostales hacen esto con el don de hablar en lenguas (glosolalia). Afirman que el hablar en lenguas es la señal externa del bautismo del Espíritu Santo. Sostienen que todos los que han recibido el bautismo en o con el Espíritu Santo han hablado lenguas como su señal inicial y confirmativa. Si usted nunca ha hablado en lenguas, dicen, usted nunca ha recibido el bautismo del Espíritu Santo.

La Biblia no enseña esto. Es un error grave que ha causado angustia a muchos cristianos sinceros. Ha fracturado el compañerismo de muchas iglesias y ha confundido el testimonio del evangelio en los campos misioneros.

El hablar en lenguas, una forma de expresión extática, es un don espiritual válido. Pablo lo incluye entre varios dones carismáticos y ministerios en 1 Corintios 12:8-10, 28, 29, 30. (Con su don acompañante de la interpretación figura *último* en las tres listas.) Pablo da testimonio de su experiencia y valor relativo en 1 Corintios 14:18, 19: "Doy gracias a Dios que hablo en lenguas más que todos vosotros. Pero en la iglesia prefiero hablar cinco palabras con mi entendimiento, ... que diez mil palabras en lengua desconocida." El versículo 18 debiera hacer que los que no han hablado en lenguas dejen de negar la validez del don. Y el versículo 19 debiera hacer que los que hablan en lenguas dejen de exagerar su importancia. Sólo el Espíritu de Dios mismo puede ser correctamente considerado *el* Don.

Las iglesias más carismáticas son aquellas en las que se está dando testimonio en el poder del Espíritu Santo en palabras y en hechos y a la gracia de Dios en Jesucristo (véase Hch. 1:8; 1 Co. 14:23-25).

III. El Camino del Amor (12:9-21)

1. *Instrucciones Generales (12:9-13, 15, 16)*

El amor debe ser genuino, no fingido. (En 12:9 la palabra traducida "fingimiento" es, literalmente, "hipocresía".) Debemos aborrecer "lo malo, seguir lo bueno" (12:9). Uno no puede hacer lo último sin hacer lo primero. Este discernimiento es lo que la permisividad nunca capta. El amor fraternal debe prevalecer, y debemos "preferirnos unos a los otros" en honra (12:10).

En celo no debemos ser tardos. Debemos ser "fervientes en el Espíritu" (12:11, con mayúscula en la versión del autor, trad.). La palabra traducida "ferviente" es la misma "fervoroso" que en Hechos 18:25 describe a Apolos.

"Sirviendo al Señor" es lo suficientemente claro si este es el texto correcto (12:11). Algunos manuscritos tienen "época" en vez de "Señor".[4] Si "época" es correcto, entonces se insta a los cristianos a confrontar el desafío de una era que llegaba rápidamente a su fin.

Gozosos en la esperanza, sufridos en la tribulación, constantes en la oración: también esto se nos ordena. Además, los cristianos deben contribuir para las necesidades de los santos y practicar la hospitalidad (12:13). Ambas son maneras de compartir.

El amor es capaz de identificarse con otros en sus alegrías o tristezas (12:15). A veces es más fácil identificarse con las personas en el dolor que identificarse con ellas en sus alegrías, ya que nunca envidiamos las penas de otros.

El amor busca la armonía en todas las relaciones (12:16). Estar libres de vanidad ayuda a que esto sea posible.[2]

2. *Cuando otros nos hacen mal (12:14, 17-21)*

Pablo escribe: "Bendecid a los que os persiguen; bendecid y no maldigáis" (12:14). Esta no es una cita de las palabras de Jesús en Mateo 5:44 y Lucas 6:28, pero refleja la misma actitud.

No debemos pagar mal por mal (12:17). Nuevamente, esto suena como la enseñanza de Jesús contra la venganza en Mateo 5:38-42. Más bien debemos "procurar lo bueno delante de todos los hombres" (12:17). Esta cita es de Proverbios 3:4. Refleja la preocupación expresada frecuentemente por Pablo con respecto a las impresiones que los cristianos hacen sobre los incrédulos (véase 1 Ts. 4:12; 1 Co. 6:1; 2 Co. 8:20, 21).

Si es posible, en cuanto dependa de nosotros, debemos "estar en paz con todos los hombres" (12:18). Sin embargo, a veces nuestros mejores esfuerzos terminan en fracaso. Otra persona puede elegir interpretar de la peor manera posible nuestras acciones y rehusar la reconciliación. Este trato injusto hiere, pero Dios nunca nos priva de su paz por culpa de otro.

En ningún momento debemos tomar venganza por nuestras propias manos. Antes, debemos dejar lugar a la ira de Dios (12:19). Sólo él conoce lo suficiente como para hacer que el castigo corresponda al mal. En el versículo 20 Pablo cita Proverbios 25:21, 22: "Si tu enemigo tuviere hambre, dale de comer; si tuviere sed, dale de beber; pues haciendo esto ascuas de fuego amontonarás sobre su cabeza." Esta oscura metáfora probablemente quiere decir que tal conducta producirá remordimiento en el enemigo y le llevará al arrepentimiento. Así, uno resiste la tentación de ser vencido por el mal, y en vez de ello, vence con el bien el mal (12:21).

IV. Ciudadanía Responsable (13:1-7)

1. *Algunos Factores Históricos*

Este breve pasaje sobre un amplio tema ha sido a menudo sacado de su contexto. Podemos evitar las distorsiones más comunes de la enseñanza de Pablo conservando los siguientes hechos en nuestra mente:

(1) En el año 49 ó 50 d. de J.C., el emperador romano Claudio expulsó a los judíos de Roma (véase Hechos 18:2). Suetonio, de quien aprendemos mucho de la historia romana, dice que la razón del destierro surgió de las agitaciones de un cierto "Chrestos". Probablemente esta era una forma impropia del nombre "Cristo". La referencia podría indicar disturbios en la comunidad judía de Roma causados por la predicación del evangelio.

(2) Después de la muerte de Claudio en 54 d. de J.C., Nerón, su sucesor, canceló el edicto. Habiendo regresado muchos judíos a Roma, era imperativo que se evitaran nuevas hostilidades. Marxsen observa: "Lo que tenemos aquí no es un tratado dogmático sobre el gobierno y el estado, sino una demanda de lealtad en la conducta para evitar un nuevo edicto."[5]

(3) Este es el único pasaje de esta naturaleza en las cartas de Pablo. Podemos así conjeturar que los cristianos romanos necesitaban instrucciones especiales con respecto a sus responsabilidades cívicas. Tal vez algunos albergaban un espíritu rebelde, en tanto otros eran indiferentes a los deberes comunes de todos los ciudadanos.[6]

(4) Las relaciones entre los judíos y sus gobernantes romanos estaban empeorando para esa época. Ya algunos militantes judíos estaban siguiendo una línea que llevaría a la revuelta suicida contra

Roma de los años 66-73 d. de J.C. Poco después de enviar esta carta a Roma en el 55 ó 56 d. de J.C. Pablo salía para Jerusalén con la ofrenda de ayuda.

(5) Hasta este tiempo no había habido una persecución oficial contra los cristianos en el Imperio Romano. Actos de violencia locales o esporádicos contra ellos eran llevados a cabo por paganos o judíos. En algunos casos oficiales romanos habían dado protección a misioneros cristianos. Por ejemplo, Pablo compareció ante Galión en Corinto (Hechos 18:12-17).

(6) Las enseñanzas de Pablo sobre los deberes cívicos tenían por contexto sus expectaciones del pronto regreso del Señor (13:11-14; véase 1 Co. 7:25-31 sobre el matrimonio).

2. *Deberes Hacia el Estado (13:1-7)*

Con este fondo histórico en la mente, notamos las instrucciones de Pablo a sus lectores con respecto a las autoridades gobernantes: (1) *Los cristianos deben estarles sujetos (13:1, 2)*. La autoridad del estado está fundada en la voluntad de Dios (13:1). Resistir a los gobernantes es resistir a lo establecido por Dios e incurrir en juicio (13:2). (2) *Los cristianos deben reconocer sus funciones (13:3-5).* Los gobernantes preservan el orden en la sociedad recompensando la buena conducta y castigando la maldad (13:3). Al blandir la espada (el poder de vida y muerte), los gobernantes son servidores de Dios que ejecutan su ira sobre los malos (13:4). No sólo el temor al castigo sino también las demandas de la conciencia requerían sujeción a ellos (13:5). (3) *Los cristianos deben sostenerles* (13:6, 7). Están obligados a pagar tasas e impuestos. Deben también respeto y honor a aquellos que les gobiernan (13:7).

A muchos lectores modernos les incomoda el que Pablo no especifique sus declaraciones. Por ejemplo, él no discute los límites de la obediencia cristiana, la posibilidad de la justificación moral de la revolución, o los deberes de los gobernantes para con sus súbditos. Pero en sólo 144 palabras del texto original él sienta la instrucción básica: los cristianos, como todos los demás, deben obedecer a sus gobernantes. (Véase Mr. 12:13-17; 1 Ti. 2:1, 2; Tit. 3:1, 2; 1 P. 2:13-17).

V. La Primacía del Amor (13:8-10)

El párrafo anterior trataba de la autoridad impartida por Dios al estado, sumisión a los gobernantes, pago de tasas y respeto hacia los oficiales públicos. Este párrafo amplía para describir la obligación del cristiano a todos los hombres, vale decir, el amor (13:8). Todos los mandamientos se resumen en una sentencia: " 'Amarás a tu prójimo como a ti mismo' " (13:9). Manson escribe: "No hay deber que no esté incluido en "amarás", ni alguien que no esté incluido en el "unos a otros".[7] Siendo que el amor no hace daño al prójimo, es el cumplimiento de la ley (13:10).

VI. El Fin del Siglo (13:11-14)

Pablo usa la metáfora de la noche y el día para describir el progreso relativo de los dos siglos. El siglo presente de oscuridad ya está avanzado (13:12). Es hora para los cristianos de levantarse del sueño, "Porque ahora está más cerca de nosotros nuestra salvación que cuando creímos" (13:11; véase 1 Ts. 5:4-7). Pablo está pensando de la culminación de nuestra salvación al regresar Jesucristo. Porque la salvación que ahora conocemos por la fe espera el último día para su plena liberación (véase Ro. 1:16; 10:1). Pablo declara que el día glorioso de Dios está cercano. Es hora de vestirse "las armas de luz" (13:12; véase Ef. 6:13-17; 1 Ts. 5:8; 2 Co. 6:7).

No existe conflicto entre la esperanza y la ética cristiana, como a veces se ha denunciado. Al contrario, la esperanza del regreso del Señor crea una tensión ética saludable en la vida de uno. Positivamente esto quiere decir que uno anda "como de día, honestamente" (13:13; véase Gá. 5:16, 25). Pablo insta: "Vestíos del Señor Jesucristo, y no proveáis para los deseos de la carne" (13:14; véase Gá. 3:27; Ef. 4:24; Col. 3:10). Negativamente, significa que debemos desechar las obras de las tinieblas (13:12; véase Gá. 5:19-21; Ef. 4:22; Col. 3:8). En el versículo 13 Pablo nombra seis de ellas: glotonerías, borracheras, lujurias, lascivias, contiendas y envidia. Agustín experimentó la gracia de Dios mientras leía Romanos 13:13.

VII. Diferencias en Escrúpulos Religiosos (14:1—15:13)

1. *El Problema (14:2, 5)*

Había dificultades en la iglesia en Roma por ciertas diferencias en creencias religiosas.[8] Aparentemente algunos cristianos judíos estimaban que era necesario continuar observando las leyes levíticas sobre alimentos. Pablo escribe: "Uno cree que se ha de comer de todo; otro, que es débil, come legumbres" (14:2). Aunque la ley no requería una dieta vegetal, especificaba ciertas carnes como inmundas, por ejemplo, cerdo. También daba la ley estrictas instrucciones para matar animales, y estas instrucciones habían sido honradas por los judíos devotos durante siglos. La venta de carne de animales utilizados en sacrificios paganos complicaba aún más las cosas (véase 1 Co. 8—10). Por ello, muchos cristianos judíos se hacían vegetarianos antes que correr el riesgo de comer carnes prohibidas o inmundas. Creían que el antiguo código sobre la dieta era obligatorio para todos los seguidores de Cristo. En esto revelaban ser cristianos inmaduros o débiles.

Un problema similar surgió con la observancia de días religiosos especiales. "Uno hace diferencia entre día y día; otro juzga iguales todos los días" (14:5). Esto probablemente incluía el guardar el sábado como día sagrado.

Cuando los cristianos gentiles rehusaban participar en sus convicciones con respecto a las leyes alimentarias y observancia del sábado, los creyentes judíos les criticaban. A su vez los gentiles menospreciaban a sus hermanos judíos por su legalismo persistente. De este modo la unidad de la iglesia estaba amenazada por las diferencias de opiniones respecto a asuntos que no eran esenciales para la salvación.

2. *Pautas Cristianas (14:1—15:13)*

Tratando de resolver este problema, Pablo establece tres principios:

(1) *El derecho de juzgar pertenece a Dios, no al hombre* (14:1-12). Dios ha acogido tanto a los creyentes judíos como a los gentiles. Por su gracia, ambos son criados en su casa. Como criados, ninguno tiene derecho a juzgar al otro (14:4). Este derecho pertenece sólo a Dios. En lugar de ello, cada uno debía actuar a la luz de sus propias convicciones (14:5). Además, cada uno debía humillarse ante la perspectiva de rendir cuenta de sí mismo ante el tribunal de Dios (14:10-12; véase 2 Co. 5:10).

(2) *El amor requiere la autolimitación en beneficio de los demás (14:13-23).* Aquí Pablo dirige su consejo principalmente a los maduros. Ellos eran capaces de llevar la responsabilidad mayor en curar la brecha en el compañerismo. Así, él les insta: "decidid no poner tropiezo u ocasión de caer al hermano" (14:13). En verdad, ninguna carne es inmunda en sí misma (véase Mr. 7:14-23), pero "para el que piensa que algo es inmundo, para él lo es" (14:14). Uno

no puede violar su conciencia, aun cuando pobremente instruida, sin gran daño para sí. Si los que son maduros ignoran la influencia de su conducta sobre los inmaduros, ya no andan en amor (14:15). Porque el amor gustosamente olvida todas las libertades que harían tropezar a un hermano (14:21; véase 1 Co. 8:13).

El reino de Dios no se cumple en leyes sobre comida o bebida, ya sea que se haga alarde de ellas o se las desprecie. Se cumple más bien en "justicia, paz y gozo en el Espíritu Santo" (14:17).

(3) *Seguir el ejemplo de la paciencia de Cristo (15:1-13).* Pablo se ubica con los fuertes en su apelación para "soportar las flaquezas de los débiles" (15:1). Al buscar el bien de nuestro prójimo en vez de agradarnos a nosotros mismos, seguimos el ejemplo de Cristo. Pablo expresa ese pensamiento en las palabras: "Ni aun Cristo se agradó a sí mismo; antes bien, como está escrito: 'Los vituperios de los que te vituperaban cayeron sobre mí' " (15:3 – una cita de Salmo 69:9).

VIII. Planes de Viaje y Saludos Finales (15:14—16:27)

Al concluir su carta Pablo comunica a los cristianos de Roma sus planes de viaje (15:14-33). Habiendo predicado el evangelio desde Jerusalén hasta Ilírico, una provincia que bordeaba el mar Adriático, él estaba ansioso por visitar Roma (15:19-24). Quería disfrutar por un poco de tiempo el compañerismo de ellos antes de lanzar su misión hacia el oeste, a España (15:24, 28). Por el momento, sin embargo, su visita a Roma tenía que ser postergada. Tenía antes que acompañar a una comisión de las iglesias gentiles a Jerusalén llevando la ofrenda de ayuda (15:25-28) (véase también Hch. 20:3-6).

Preocupado con respecto al viaje a Jerusalén, Pablo pide a sus lectores que oren: (1) Que él sea librado de los rebeldes en Judea (15:31); (2) Que su servicio a favor de los creyentes pobres en Jerusalén les sea aceptable (15:31); y (3) Que Dios le conceda el refrigerio de su ansiada visita a Roma (15:32). El estudio de Hechos 21:15 a 28:31 da a conocer cómo Dios contestó a estos pedidos de oración.

El capítulo 16 concluye la carta con una recomendación respecto a Febe (vv. 1, 2), varios saludos personales (vv. 13-16, 21-23), una advertencia contra los que causan disensiones (vv. 17-20), y una bendición (vv. 25-27).

IX. Verdad para Hoy

1. *La identificación con el mundo a menudo termina en ser enredado por el mundo.*

Cristianos bien intencionados piensan a veces que es necesario adoptar los métodos del mundo para que el evangelio sea escuchado. La motivación parece buena, pero el método es uno que Jesucristo rechazó consistentemente (véase Mt. 4:8-11). Hay un punto más allá del cual la identificación con el mundo significa comprometer el testimonio cristiano. "Por las misericordias de Dios" esta mortal conformidad debe vencerse (Ro. 12:1, 2).

2. *La sumisión pasiva a los males infligidos por otros no es la respuesta cristiana al conflicto.*

Más bien se nos insta a vencer con el bien el mal (Ro. 12:21). Esta es una respuesta activa y creadora. Es más difícil que una resignación apocada. Lo peor del mundo es pagar con el mal el bien. Lo mejor del mundo es pagar bien por bien y mal por mal. Pero el camino de Cristo va más allá. Solamente cuando el amor ha vencido la enemistad, un conflicto ha sido resuelto positivamente para todos los involucrados. Esta es la clase de venganza cristiana.

3. *El más alto nivel de ciudadanía en nuestro país debe hallarse entre los cristianos.*

Esto significa el reconocimiento de las autoridades gobernantes debidamente constituidas. Llama a la participación en todo aquello que mejora el orden social, y a la honestidad en el pago de los impuestos. Reclama respeto hacia aquellos que están en cargos públicos, y respeto al cargo cuando los que lo detentan traicionan la confianza pública.

Aunque Pablo no incluye en su comentario la situación cuando el César exige las cosas que son de Dios (véase Mr. 12:13-17), la Biblia lo hace. Pedro y Juan colocaron el obedecer a Dios por encima del mandato del Sanedrín en Hechos 4:18-20. Y cuando Satanás se encarnó en la bestia política de Apocalipsis 13:1-4, los cristianos prefirieron el exilio antes que inclinarse a la idolatría estatal.

4. *Los cristianos son miembros de un compañerismo vital.*

Ellos están dotados por el Espíritu de Dios para una participación significativa en la vida de un grupo de creyentes (Ro. 12:3-8). No son individuos aislados, cada uno libre de seguir su propio camino. Por esta razón los que son maduros deben ejercer su libertad cristiana de manera que ayude, y no que dañe a los que son inmaduros (Ro. 14:1–15:13). Algunas veces los cristianos parecen ser esclavos de su emancipación. Esto ocurre cada vez que nuestras libertades personales significan más para nosotros que el bienestar del hermano. El amor siempre señala hacia una senda más elevada.

Notas del Capítulo 8

[1] Manson, *op. cit.*, p. 949.

[2] La palabra griega traducida "espiritual" es *logikan.* Deriva de *logos,* que en algunos casos significa "razón". De modo que puede tener los dos sentidos; "espiritual" o "racional". La palabra aparece sólo dos veces en el Nuevo Testamento: Romanos 12:1 y 1 Pedro 2:2 ("leche espiritual").

[3] Jack W. MacGorman, *The Gifts of the Spirit* (Nashville: Broadman Press, 1974), pp. 31-32.

[4] En griego las dos palabras son similares en su escritura: "Señor" es *kurios,* y "época" es *kairos.*

[5] Marxsen, *op. cit.*, p. 100.

[6] Bornkamm, *Pablo,* p. 213.

[7] Manson, *op. cit.*, p. 950.

[8] Marxsen, *op. cit.*, pp. 96-104 relaciona esta disputa con el regreso de cristianos judíos a Roma después de la muerte de Claudio, en 54 d. de J.C. Mientras ellos habían estado desterrados de la ciudad, la iglesia llegó a ser mayormente gentil.

Actividades para el Aprendizaje Personal

Marque las respuestas

1. El llamado de Pablo a la dedicación personal en Romanos 12:1, 2, incluye estos elementos (elija tres de entre las frases que siguen):
   __ (1) Vosotros mismos como sacrificio
   __ (2) La muerte de Cristo como ejemplo
   __ (3) Las misericordias de Dios como motivación
   __ (4) La conformidad a este mundo como amenaza

2. De la lista de palabras que siguen elija aquellas que completen apropiadamente la siguiente oración: Los dones carismáticos son ______ o ______ que el ____ de Dios otorga a todos los creyentes para ______ para ______.

(1) Servicio	(4) Habilidades	(7) Testificar
(2) Hijo	(5) Equipar	(8) Poderes
(3) Espíritu	(6) Lenguas	(9) Sanidad

3. Bajo el título "El Camino del Amor" el doctor MacGorman menciona trece prácticas específicas. De la lista que sigue identifique una práctica que el autor no menciona:

(1) Ama genuinamente	(8) Contribuye
(2) Aborrece lo malo, sigue lo bueno	(9) Practica la hospitalidad
(3) Es celoso	(10) Se identifica con los demás
(4) Sirve	(11) Busca la armonía
(5) Se goza en la esperanza	(12) Vive en paz
(6) Soporta las pruebas	(13) Evita fatigas
(7) Continúa en la oración	(14) Resiste al mal con el bien

4. Pablo trata de la responsabilidad en el ejercicio de la influencia cristiana en Romanos 14:1 a 15:13. Elija de entre las oraciones que siguen las tres más importantes que Pablo presenta como pautas para los cristianos en esta área:

— (1) El cristiano es responsable sólo de sí mismo.
— (2) El juicio es prerrogativa de Dios, no del hombre.
— (3) El amor requiere autolimitación por causa de los demás.
— (4) Los cristianos deben seguir el ejemplo de paciencia de Cristo.

Respuestas:
1. (1), (3), (4); 2. (4), (8), (3), (5), (1); 3. (13); 4. (2), (3), (4).

PARA IGLESIAS EN LOS ESTADOS UNIDOS

Cómo Pedir Reconocimiento

El Curso de Estudios para Iglesias Locales consiste en una variedad de cursos de corto plazo, con crédito o reconocimiento, para jóvenes y adultos, y unidades fundamentales, sin crédito o reconocimiento, para niños y preescolares. Los cursos de estudio y unidades fundamentales están organizadas en un sistema promovido por la Junta de Escuelas Dominicales (Sunday School Board), 127 Ninth Avenue, North, Nashville, Tennessee 37234, a través de los departamentos de la División de Materiales y Servicios para las Iglesias.

Este libro es la versión al castellano del texto en inglés para el curso No. 3219 en el área de Estudios Bíblicos. Este fue designado para el curso de adultos en el énfasis bíblico de enero de 1977, pero puede ser estudiado en cualquier época del año. Este curso fue planeado para un mínimo de siete horas y media para un grupo dirigido por un buen maestro. Una vez que el curso haya sido completado, el maestro, o cualquier persona nombrada por la iglesia, puede llenar la Forma 151 y enviarla a Awards Office, Research Services Department, 127 Ninth Avenue, North, Nashville, Tennessee 37234.

La persona que desea completar este curso sin asistir a clases programadas por la iglesia local puede recibir crédito llenando los siguientes requisitos: (1) leer el libro; (2) completar por escrito todas las "Actividades de Aprendizaje Personales" que aparecen en el libro; (3) mostrar la tarea escrita a un dirigente de la iglesia; (4) solicitar por escrito crédito por este curso.

PARA IGLESIAS EN LOS DEMAS PAISES

Cómo Hacer los Estudios y Pedir Reconocimiento

La Casa Bautista de Publicaciones en relación con el departamento de educación cristiana de algunas convenciones nacionales tiene el gusto de ofrecer a las iglesias locales del mundo hispano un plan de estudios denominado "El Nuevo Curso Unificado de Estudios".

I. En Clases.— Por lo común la iglesia organizará un curso de estudio, o cursillo, con una o más clases, en las cuales se ofrecerá el estudio de uno o más libros (aunque con frecuencia semejantes cursillos se ofrecen en campamentos e institutos). Lo ideal, creemos, es dedicar a tal estudio las cinco noches de una semana, con dos períodos de estudio de cuarenta y cinco minutos cada uno y un intervalo para inspiración o compañerismo. Los alumnos tendrán derecho de recibir el diploma o sello respectivo cuando: (1) estén presentes en seis de los diez períodos, o alcancen un mínimo de cuatro horas y media de clase, (2) lean el libro, y (3) sustenten satisfactoriamente el examen que el maestro les da. (Si el alumno asiste a todas las clases y lee el libro durante la semana del estudio, queda eximido del examen.)

Instrucciones a la persona que dirige un cursillo o una clase.— Los directores o maestros de cursillos pueden hacer una lista de los alumnos que tienen derecho al diploma o al sello y enviarla a la Casa Bautista de Publicaciones, Box 4255, El Paso, Texas, E. U. A., o a la agencia facultada para expedir diplomas y sellos en su país.

II. Estudio Particular.— Cualquiera persona que haya cumplido diecisiete años de edad puede estudiar en su casa cualquier libro del curso y recibir el diploma o el sello correspondiente, bajo las siguientes condiciones: (1) leer todo el libro y contestar por escrito las preguntas que están al fin de cada capítulo; (2) enviar su escrito original a la Casa Bautista de Publicaciones o a su promotor nacional de educación cristiana. Si es aprobado, recibirá el diploma o el sello que le corresponda.

Romanos,

El Evangelio Para Todo Hombre

Por J. W. MacGorman

Versión Castellana de Alfonso Olmedo

Fernando Cardenas.

CASA BAUTISTA DE PUBLICACIONES

CASA BAUTISTA DE PUBLICACIONES
Apartado 4255, El Paso, Tx. 79914 EE. UU. de A.

Agencias de Distribución

ARGENTINA: Rivadavia 3464, 1203 Buenos Aires
BRASIL: Rua Silva Vale 781, Río de Janeiro
BOLIVIA: Cajón 736, Cochabamba
Casilla 2516, Santa Cruz
COLOMBIA: Apartado Aéreo 55294, Bogotá 1
COSTA RICA: Apartado 285, San Pedro
CHILE: Casilla 1253, Santiago
ECUADOR: Casilla 3236, Guayaquil
EL SALVADOR: 10 Calle Pte. 124, San Salvador
ESPAÑA: Arimón 22, Barcelona 22
ESTADOS UNIDOS: Broadman: 127 Ninth Ave., Nashville, Tenn., 37234
GUATEMALA: 12 Calle 9-54, Zona 1, Guatemala
HONDURAS: 4 Calle 9 Avenida, Tegucigalpa
MEXICO: Calle Oriente 65-A No. 2834, México 8, D.F.
Matamoros 344 Pte., Torreón, Coahuila
NICARAGUA: Apartado 5776, Managua
PANAMA: Apartado 5363, Panamá 5
PARAGUAY: Pettirossi 595, Asunción
PERU: Apartado 3177, Lima
REPUBLICA DOMINICANA: Apartado 880, Santo Domingo
URUGUAY: Casilla 14052, Montevideo
VENEZUELA: Apartado 152, Valencia

Cuarta edición: 1981

Clasifíquese: Estudios Bíblicos-N.T.
ISBN: 0-311-04343-7
C.B.P. Art. No. 4343.
Printed in U.S.A.

3M 81